目次

JN100733

▎ 成績アップのための学習メソッド　▶ 2〜5　本書は教育芸術社発行の「中学生の音楽」を参考に編集しています。

▎ 学習内容

[写真提供]

関西フィルハーモニー管弦楽団(撮影:山本成雄,樋川智昭)／東京・春・音楽祭実行委員会(撮影:青柳 聡)／大月吹奏楽団／宮内庁式部職楽部／国立劇場／国立能楽堂／国立文楽劇場／人形浄瑠璃文楽座／公益社団法人能楽協会／菊塚家・常光院／株式会社ヤマハミュージックジャパン／小林一男／釣谷真弓／長谷麻矢

[日本音楽監修]釣谷真弓

JASRAC 出 2010789-001

成績アップのための 学習メソッド

ぴたトレ1
要点チェック

赤シートを使って効率的に
ポイントをおさえよう。

【鑑賞曲】

【歌唱曲】

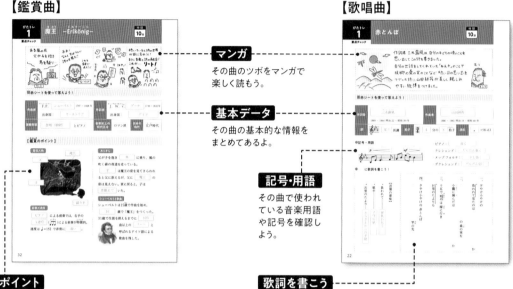

マンガ

その曲のツボをマンガで
楽しく読もう。

基本データ

その曲の基本的な情報を
まとめてあるよ。

記号・用語

その曲で使われ
ている音楽用語
や記号を確認し
よう。

鑑賞のポイント

「これだけは!」という重要ポイントにしぼって示しているよ。
テストの直前対策にも使えるよ!

歌詞を書こう

歌詞を自分で書くことで,曲への理解が深まるよ。
(歌詞がわからないときは教科書を見よう)
難しい言葉の意味もここで確認。

ぴたトレ2
練習

ぴたトレ1の内容の定着をはかるための1問1答です。

ぴたトレ1を理解していれば答えら
れる,基本的な問題ばかりだよ。
テスト前に時間がないときは,
ここだけでもやろう。

各問題には教科書の対応
ページを表示しているよ。

曲への理解が深まるコーナーだよ。
有効に活用しよう。

ぴたトレ**3**
確認テスト

どの程度学力がついたかを自己診断するテストです。

学習メソッド

時間をはかって，本番のつもりで取り組もう。

学習メソッド

間違えたり，解き方がわからなかったら…

→解答集で，解説を読んでみよう。

→ぴたトレ1に戻って基本をおさえよう。

目標点数が示されているよ。届くまでトライしよう。

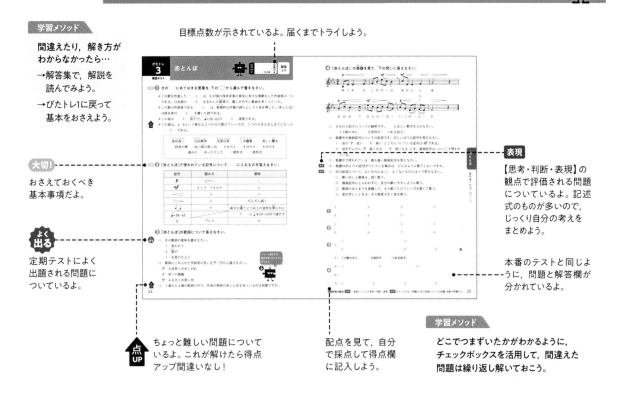

大切！

おさえておくべき基本事項だよ。

表現

【思考・判断・表現】の観点で評価される問題についているよ。記述式のものが多いので，じっくり自分の考えをまとめよう。

よく
出る

定期テストによく出題される問題についているよ。

本番のテストと同じように，問題と解答欄が分かれているよ。

点
UP

ちょっと難しい問題についているよ。これが解けたら得点アップ間違いなし！

配点を見て，自分で採点して得点欄に記入しよう。

学習メソッド

どこでつまずいたかがわかるように，チェックボックスを活用して，間違えた問題は繰り返し解いておこう。

通知表と観点別評価

学校の通知表は，

知識及び技能　／　思考力・判断力・表現力　／　主体的に学習に取り組む態度

といった観点別の評価がもとになっています。

定期テストでは「知識」を問う問題が多いのですが，近年は「思考力・判断力・表現力」を問う問題が増えています。本書では，そのような問題に **表現** のマークをつけています。

学年の最後には総合問題があるよ。学年末テストなどに活用しよう。

「楽譜の読み方がわからない‥」「拍子がわからない‥」など，音楽の基礎から学びたい人は，各学年末の○○のトレーニングのページをやってみよう。

曲づくりなど，創作の練習に使える作曲に挑戦！が1年の最後にあるよ。挑戦してみてね。

3

受験に役立つ実技教科

受験に実技教科はないでしょ？
入試がある5教科だけがんばればいいよね？

> いいえ，ちがいます。
> 公立高校の入試では，当日の試験の点数に加えて，内申点が加点されます。

内申点って？

> 中学校の成績を点数化して，
> あなたが受験する高校に提出されるものです。
> 内申点が当日の試験の結果に加算され，合否が決まります。

内申点に加算される教科は何？　実技教科も加算されるの？

> はい，実技教科も内申点に含まれます。
> 5教科と同じように点数化する都道府県が多いのですが，中には実技教科を何倍かに加点する都道府県があります。たとえば東京都や宮城県，京都府などは実技教科を2倍に，山梨県では3倍に，鹿児島県ではなんと20倍にして加点します！　　（令和3年度受験情報）

実技教科の点数が，入試の結果に加点されるんだね…

> 当日の5教科のテストだけよくても，
> 内申点が低いと合格できないことがあるのです。
> 特に実技教科は当日の試験で力をみることができないため，内申点に重みをつける場合があります。

**通知表をもとに，自分の成績グラフを
つくってみよう。**

自分の強み・弱みを知ろう！
実技教科はどうなっているかな？

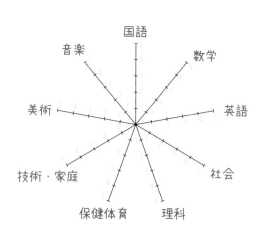

4

音楽の成績を上げるには？

「実技」「授業態度」「定期テスト（提出物）」の３つから通知表の成績が決まります。

実 技 **授業態度** **定期テスト**

実技教科は，５教科みたいにテストの回数が多くないから，１回のテストがより大切なのよ。

音楽の成績（＝内申点）

リコーダーは**ニガテ**…

先生は，「前より良くなったか」「練習をしてきたか」を見ています。

みんなの前で歌うの，**超はずかしいん**ですけど…！

上手・ヘタではなく，「一生懸命に取り組んでいるか」「ほかの人の演奏をきちんと聴いて，自分の演奏に生かしているか」などを先生は見ています。

曲の感想って，**何書けばいいの**…？

提出物はすべて期限内に出しましょう。授業中に書くときも，時間いっぱいを使って，習った言葉でたくさん書きましょう。心の底で思っていても，それを表現できなければ先生には伝わりません。先生が授業中に使った言葉を使うといいですよ。

鑑賞曲って**眠くなるょ〜**

鑑賞曲は，先生にとってもテストに出題しやすいところ。「ここが大事」と言われたら絶対に聞き逃がさないこと！　先生は，授業をきちんと聞いている人が解けない問題はテストに出しません。

音楽のペーパーテストって**何が出るの？**

教科書の内容を中心に，授業でやったことが出題されます。授業で取り上げた曲について，問題集などで復習しておきましょう。先生によっては，合唱で歌った曲や，校歌を出題することもあります。先生がテストの前に**プリント**を配ったりしたら，しっかり見ておきましょう。

実技教科は内申点で入試に大きく影響するんだね！がんばろうっと。

雅楽 ～管絃～

写真提供：宮内庁式部職楽部

①竜笛
竹でできた横笛です。息の強弱によって装飾的な音を表現することができます。

②篳篥
竹でできた約18センチの小さな縦笛ですが，とても豊かな音量です。葦でできたリードはお茶に湿らせて吹きます。

③笙
17本の竹を束ねてできています。長さは約50センチで一度に5～6つの和音が出せます。リードが湿るとよい音が出ないので，火鉢やコンロで演奏前に温めます。写真にも火鉢が写っていますね。

④箏（楽箏）
雅楽で使われる箏は楽箏といわれます。全長約190センチで横幅は約23～25センチ。決まったリズムで拍を明確にします。

雅楽は平安中期の10世紀頃には形式が確立され，現在に至るまでほぼ形を変えずに演奏されています。現存する「世界最古のオーケストラ」といわれています。

⑤琵琶（楽琵琶）
雅楽で使われる琵琶は楽琵琶といわれます。全長約110センチで胴の幅約40センチ，重さは約7キロと大きな楽器でばちで弾きます。リズムを明確にする役割があります。

⑥鉦鼓
直径約15センチの小さな金属製の皿形の鉦をつるし，その内側を先の硬い2本のばちで打ちます。金属製の楽器の音は，演奏を華やかなものにします。

⑦太鼓（楽太鼓・釣太鼓）
直径約54センチです。
舞楽では直径2メートルほどの巨大な楽器（大太鼓と呼ばれます）が左右一対で置かれます。この写真の後ろにも少し写っていますね。音楽の節目に太鼓が打たれ，区切りを表す役目があります。

⑧鞨鼓
直径約23センチの皮が両面に張ってあり，ばちで両面を左右から打ちます。合図を出したり，速さを決めたりする重要な楽器なので，楽団長などのベテランが受け持ちます。

交響曲（オーケストラによる演奏）

アラム・ハチャトゥリアン作曲「交響曲第2番〈鐘〉」の演奏風景

指揮：藤岡幸夫（関西フィルハーモニー管弦楽団首席指揮者）

① ベートーヴェン「運命」の打楽器奏者はティンパニが1名。ハチャトゥリアン「鐘」の打楽器奏者は6名にもなっています。打楽器もティンパニ以外にチャイム，ゴング，シンバル，大太鼓，小太鼓，木琴，鉄琴，ウッドブロック…とたいへん多彩になっています。

ベートーヴェン作曲「交響曲第5番〈運命〉」の演奏風景

19世紀，ベートーヴェンが作曲した「交響曲第5番〈運命〉」の初演は，19世紀初めの1808年です。この写真は当時の編成です。

写真提供：関西フィルハーモニー管弦楽団 ©HIKAWA

オーケストラは次第に大規模になり，新たな楽器も加わるようになりました。

写真提供：関西フィルハーモニー管弦楽団 ©s.yamamoto

②
ハープやピアノも昔のオーケストラには使われていなかった楽器です。

③
観客席は，舞台後方にも設けられています。指揮者を正面から見ることができます。

④
最近の大きなコンサートホールでは，パイプオルガンが設置されています。この写真後方にも銀色のパイプが見えます。

能（のう）舞台

① この木は松の木です。舞台に近いところから一ノ松，二ノ松，三ノ松と呼ばれ，一から三へしだいに小さくなって遠近感を出しています。

② これは白州（しらす）と呼ばれ，白い小さい石がしいてあります。屋根と同じで能舞台が野外にあった頃のなごりです。

③ 舞台には檜（ひのき）の板が張られていますが，以前は床下に大きなかめが埋め込まれていました。舞台上の足拍子や囃子（はやし）の音，謡（うたい）の声を共鳴させる効果があるとされています。

能・狂言は，このような能舞台で演じられます。日本の各地にはたくさんの能舞台があります。自分の地域の能舞台を探してみましょう。

（都道府県名）能舞台 🔍

自由研究で調べてみようかな。

写真提供：国立能楽堂

④橋掛りは演者が出入りする，楽屋と舞台をつなぐ廊下です。舞台の延長としての演技空間でもありますが，霊界と現世をつなぐ道を表しているともいわれます。

⑤屋根を支える役割をするのはもちろんですが，面をかけるシテ役は視野が狭くなるため，この柱が大切な目印になります。そのため目付柱と呼ばれます。

⑥四種の伴奏楽器が座る場所
⑦地謡が座る場所
⑧鏡板と呼ばれる，反響板の役目をする正面の壁。大きな松の絵が描かれています。

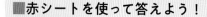

ウィール　ファインド　ザ　ウェイ
We'll Find The Way
～はるかな道へ

時間 **5分**

■赤シートを使って答えよう！

作詞・作曲者	杉本　竜一	調	ハ 長調
拍子	4 分の 4 拍子	速度	♩=112~120

●記号・用語

4分の4拍子のリズムにのって，のびのびと歌おう。

① 名前：コードネーム

② タイ：隣り合った 同じ高さの 音符 をつなぎ，1つの音 に

③ クレシェンド：だんだん強く

④ 2分休符：𝄾を，2 つ分休む

●（　）に歌詞を書こう！

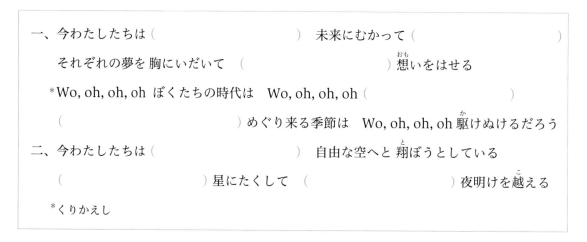

一、今わたしたちは（　　　　　　　　　）　未来にむかって（　　　　　　　　　　）

　　それぞれの夢を胸にいだいて　（　　　　　　　　　）想いをはせる

　*Wo, oh, oh, oh ぼくたちの時代は　Wo, oh, oh, oh（　　　　　　　　　）

　（　　　　　　　　　）めぐり来る季節は　Wo, oh, oh, oh 駆けぬけるだろう

二、今わたしたちは（　　　　　　　　　）　自由な空へと 翔ぼうとしている

　　（　　　　　　　）星にたくして　（　　　　　　　　　）夜明けを越える

　*くりかえし

ぴたトレ 2
練習

We'll Find The Way
～はるかな道へ

問/4問　時間 **5分**　解答 p.1

□①この曲は何分の何拍子ですか。

□②この曲は何調ですか。

□③楽譜の上にある C, G, Am などのアルファベットのことを何といいますか。カタカナで答えなさい。

□④ 𝄬 は，𝄾 をいくつ分休む記号ですか。

①
②
③
④

We'll Find The Way
～はるかな道へ

| 時間 15分 | /50点 | 合格 35点 | 解答 p.1 |

大切! ❶ 「We'll Find The Way」で使われている記号について，（　）に入るものを答えなさい。

記号	読み方	意味
mp	□（　　①　　）	□（　　　　②　　　　）
f	□（　　③　　）	□（　　　　④　　　　）
♩♩	タイ	隣り合った同じ高さの音符をつなぎ，□（　⑤　）
<	□（　　⑥　　）	□（　　　　⑦　　　　）
♩=112〜120		□（　⑧　）に♩を112〜120打つ速さで

よく出る ❷ 次の休符と同じ長さの音符を └┘ から選び，記号で答えなさい。

□(1) ■　　　□(2) ♪　　　□(3) ⅞

| ア ○ | イ ♩ | ウ ♩ | エ ♪ |

点UP ❸ 次の和音のコードネームを └┘ から選び，書きなさい。

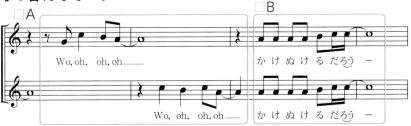

| C | F | G | Am |

❹ 次の楽譜のA・Bの部分の説明としてあてはまるものをそれぞれア〜ウから選び，記号で答えなさい。

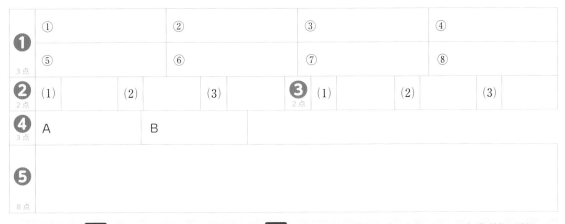

ア　2つのパートが重なって和音をつくっている。

イ　2つのパートがかけ合いをしている。

ウ　2つのパートが同じ旋律を歌っている。

表現 ❺ 「We'll Find The Way」の中であなたがいちばん好きなところはどのようなところですか。歌詞，旋律，リズム，雰囲気など，自由に書きなさい。

❶ 3点	①		②		③		④	
	⑤		⑥		⑦		⑧	
❷ 2点	(1)		(2)		(3)	❸ 2点	(1)	(2)	(3)
❹ 3点	A		B					
❺ 8点								

成績評価の観点 **表現** …音楽についての思考・判断・表現　**表現** のマークがない問題は，全て音楽についての知識・技能の問題です。　　13

主人は冷たい土の中に
（静かに眠れ）

時間 10分

■赤シートを使って答えよう！

作曲者	S. フォスター （スティーブン） 1826〜1864年 出身国：アメリカ	曲の形式	二部 形式 (a–a' b–a')
調	ハ 長調	拍子	4 分の 4 拍子
速度	Andante 読み方：アンダンテ 意味：ゆっくり歩くような速さで		

●記号・用語

フェルマータ：
その音符を ほどよく延ばして

●曲の形式を確認しよう

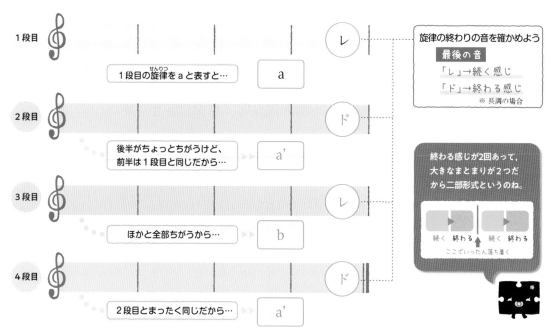

1段目 ── レ

1段目の旋律をaと表すと… a

旋律の終わりの音を確かめよう

最後の音

「レ」→続く感じ
「ド」→終わる感じ
※長調の場合

2段目 ── ド

後半がちょっとちがうけど、前半は1段目と同じだから… a'

終わる感じが2回あって，大きなまとまりが2つだから二部形式というのね。

続く 終わる 続く 終わる
ここでいったん落ち着く

3段目 ── レ

ほかと全部ちがうから… b

4段目 ── ド

2段目とまったく同じだから… a'

主人は冷たい土の中に
（静かに眠れ）

問／10問 ・ 時間 **10**分 ・ 解答 p.1

◆**曲について**

□①作曲者は誰ですか。

□②この曲は何分の何拍子ですか。

□③この曲は何調ですか。

①
②
③

◆**記号・用語**

□④速度表示をアルファベットのつづりで書きなさい。

□⑤④の読み方と意味を書きなさい。

□⑥◠の読み方と意味を書きなさい。

④	
⑤ 読み方	
意味	
⑥ 読み方	
意味	

◆**形式について**

□⑦この曲で, 4小節の旋律が「続く感じ」になるのは
　最後の音が何のときですか。ドレミで答えなさい。

□⑧この曲で4小節の旋律が「終わる感じ」になるのは
　最後の音が何のときですか。ドレミで答えなさい。

□⑨この曲の1段目をaで表すとき, 曲全体をa, a', bの
　組み合わせで表しなさい。

□⑩この曲は何部形式ですか。

⑦
⑧
⑨
⑩

●**楽譜を書こう！** 「主人は冷たい土の中に」の旋律を書き写して, 曲の形式を確認しよう。

※ 教科書を見て, 答え合わせをしよう。

主人は冷たい土の中に
（静かに眠れ）

時間 30分 ／100点　目標 70点　解答 p.1

❶ 「主人は冷たい土の中に」で使われている記号について，（　）に入るものを答えなさい。

記号	読み方	意味
mp	メッゾ ピアノ	□（　　①　　）
mf	□（　②　）	□（　　③　　）
⌢	□（　④　）	その音符を□（　　⑤　　）

（大切）❷ 楽譜を見て，あとの問いに答えなさい。

（1）　正しい旋律になるように，楽譜の中の各段の最後の□に，♩.（付点2分音符）を入れなさい。

（よく出る）（2）　それぞれの段の終わりについて，「続く感じ」か「終わる感じ」か，答えなさい。

□（3）　まったく同じ旋律になっているのは，何段目と何段目ですか。

□（4）　旋律が大きく変化するのは，何段目ですか。

（5）　□に適する強弱記号（*mp* か *mf*）を入れなさい。

（表現）□（6）　強弱記号や旋律の変化から考えて，最ものびやかに歌うとよい「曲の山」は何段目ですか。

□（7）　この曲は，1・2段目 3・4段目 という大きな2つのまとまりととらえることができます。
　　　これを何形式といいますか。

□□❸ 「主人は冷たい土の中に」を歌う速さの表示として，適するものを選び，記号で
答えなさい。また，その意味も答えなさい。
　　ア　**Moderato**　　　イ　**Allegro**　　　ウ　**Andante**

□❹ 「主人は冷たい土の中に」が歌っている情景を選びなさい。
　　ア　つらい労働からのがれてほっとした気持ち
　　イ　小さな子どもをねかしつけるときの気持ち
　　ウ　優しかった主人の死をいたむ気持ち

❺ 「主人は冷たい土の中に」をアルトリコーダーで吹くとき，①～⑤の音の運指を
ア～カから選びなさい。

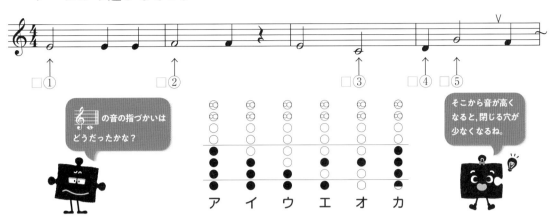

表現 ❻ 「主人は冷たい土の中に」の最後の段です。これを見てあとの問いに答えなさい。

☐(1)　Aの記号がついていたら，どのように歌うとよいですか。

☐(2)　Aの記号は，なぜここについていると思いますか。自分なりの考えを書きなさい。

☐(3)　Aの記号のあと，次の「しずかに～」の小節をどんなふうに歌いたいですか。

❶ 3点	①		②		③	
	④		⑤			

❷ 3点	(1)	※楽譜の中に書く。					
	(2)	1段目　　　　　　感じ	2段目　　　　　　感じ	3段目　　　　　　感じ	4段目　　　　　　感じ		
	(3)	段目と	段目	(4)			段目
	(5)	1段目		3段目		4段目	
	(6)		段目	(7)			形式

❸ 3点	記号		意味			

❹ 4点		❺ 3点	①	②	③	④	⑤

❻	(1)	
	(2)	
5点	(3)	

浜辺の歌（はまべ）

時間 **10分**

よせては返す波のように…
この曲は 8分の6拍子で
つくられました。

成田ためぞう

むぅ…

■赤シートを使って答えよう！

作詞者	林 古溪（はやし こけい）	作曲者	成田為三（なりた ためぞう）
	1875 ～ 1947（明治 8 ～昭和 22）年		1893 ～ 1945（明治 26 ～昭和 20）年
調	♭ ヘ 長調	拍子	8 分の 6 拍子（びょうし）
速度	♪ =104~112	曲の形式	二部 形式 （a－a' b－a'）

●記号・用語

① ② rit. ③ ④

① クレシェンド： だんだん強く
② リタルダンド： だんだん遅く（おそ）
③ デクレシェンド： だんだん弱く
④ 名前： 全休符（きゅうふ）

●（　）に歌詞を書こう！

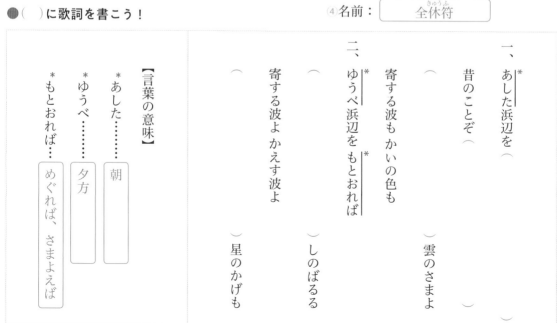

【言葉の意味】

＊あした……… 朝

＊ゆうべ……… 夕方

＊もとおれば… めぐれば、さまよえば

一、
＊あした浜辺を（　　　　）
　昔のことぞ
（　　　　）雲のさまよ
　寄する波もかいの色も
（　　　　）しのばるる
　寄する波よかえす波よ
（　　　　）星のかげも

二、
＊ゆうべ浜辺を ＊もとおれば

浜辺の歌

◆曲について

□①作詞者は誰ですか。

□②作曲者は誰ですか。

□③この曲は何調ですか。

□④この曲は何分の何拍子ですか。

□⑤この曲の形式を書きなさい。

◆歌詞について

□⑥「あした」とはどういう意味ですか。

□⑦「ゆうべ」とはどういう意味ですか。

□⑧「もとおれば」とはどういう意味ですか。

◆記号・用語

□⑨*rit.*の読み方と意味を書きなさい。

□⑩ ⎯⎯⎯ の読み方と意味を書きなさい。

□⑪ ▬ この休符の名前を書きなさい。

①
②
③
④
⑤

⑥
⑦
⑧

⑨ 読み方
意味
⑩ 読み方
意味
⑪

●楽譜を完成させよう！ □□□ に歌詞を書いて，1〜2段目の楽譜を完成させよう。

二部形式

この形になっている
二部形式の曲だね！

19

浜辺の歌
はまべ

| 時間30分 | /100点 | 目標70点 | 解答 p.2 |

(大切!) **1** 「浜辺の歌」の楽譜を見て，下の問いに答えなさい。
がくふ

あ　し　たーは　まーべ　ーを　さーまーよ　えーば　ーむ

かしーの　こーとー　ぞしーの　ーばるるーか

ぜのおーと　よくものさまよーよ

するなーーみーも　かーいのいろもー

□(1)　この曲はA，B，C，Dの4つの部分に分けることができます。Bと同じ旋律はどれですか。
せんりつ

□(2)　AとBについて述べた文で，正しいものを1つ選びなさい。

　　ア　AとBはまったく同じ旋律である。

　　イ　AとBは前半が同じ旋律で，後半が異なる。

　　ウ　AとBは前半が異なる旋律で，後半が同じである。

　　エ　AとBはまったく異なる旋律である。

> 楽譜をよく見よう。

(点UP) □(3)　A，B，C，Dのうち，ほかの3つと大きく異なる旋律を答えなさい。

(点UP) □(4)　この曲をa，a'，bの記号を使って表しなさい。（Aの部分をaと表すこと）

□(5)　このような曲の形式を何形式と呼びますか。

□(6)　A，B，C，Dにはそれぞれ次の強弱記号がついています。曲の山はA〜Dのどこにするとよいですか。

　　　A：***mp***　　　B：***p***　　　C：***mf〜f***　　　D：***p***

(点UP) □(7)　この曲は，旋律の上がり下がりや細かい音符が多いので，旋律の自然なまとまりを意識して歌うとよいとされます。この「旋律の自然なまとまり」を一般に何と呼びますか。カタカナ4文字で答えなさい。

(表現) (8)　Dの部分にある記号です。

　　　rit.　□①　読み方を答えなさい。

　　　　　　　□②　この記号があったら，どのように歌ったらよいですか。

(表現) (9)　曲中にたくさん出てくる記号です。

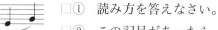　□①　読み方を答えなさい。

　　　　　　　□②　この記号があったら，どのように歌ったらよいですか。

よく出る ② 次の歌詞の意味を書きなさい。

- □①あした
- □②ゆうべ
- □③もとおれば

大正時代につくられた詩で，文語(昔の書き言葉)が使われているよ。

大切 ③ 「浜辺の歌」について，次の（　）にあてはまる言葉を，下の┊┄┄┄┊から選んで書きなさい。

▶ この歌の作詞者は□（　①　），作曲者は□（　②　）である。寄せては返す波のように，ゆったりとした旋律が□（　③　）拍子のリズムにのって歌われる。

▶ 1番の歌詞では□（　④　）の情景が，2番の歌詞では□（　⑤　）の情景が歌われている。

▶ この曲の速度は♪=□（　⑥　）と指定されており，歌い方は「□（　⑦　）」という指示がある。

> 林 古溪（はやし こけい）　三木露風（みき ろふう）　成田為三（なりた ためぞう）　山田耕筰（やまだ こうさく）
>
> 4分の2　　4分の3　　4分の4　　8分の6
>
> 朝　　昼　　夕方　　夜　　104〜112　　58〜63　　はつらつと　　優美に

④ 拍子や音符の長さについて答えなさい。

□(1)　（　）に適する数字を書きなさい。

　　　8分の6拍子とは，1小節に（　）分音符が（　）つある拍子のこと。

□(2)　8分の6拍子のリズムはどれですか。

(3)　次の①〜③の音符は8分音符いくつ分か，数字で答えなさい。

□① ♩=8分音符 ☐ つ分　　□② ♩.=8分音符 ☐ つ分　　□③ ♫=8分音符 ☐ つ分

❶	(1)	(2)	(3)	(4)
	(5)　　　　　　　　　　形式		(6)	(7)
	(8)①	②		
3点	(9)①	②		

❷	①	②	③
4点			

❸	①	②	③	④
5点	⑤	⑥	⑦	

❹	(1)　8分の6拍子とは，1小節に（　　　　）分音符が（　　　　）つある拍子のこと。　　　　　　完答			
4点	(2)	(3)①	②	③

成績評価の観点 表現 …音楽についての思考・判断・表現　表現 のマークがない問題は，全て音楽についての知識・技能の問題です。

赤とんぼ

時間
10分

作詞者 三木露風は、自分の子どもの頃のことを思い出してこの詩を書きました。
自分の世話をしてくれていた「ねえや」のことや故郷の桑の実のことなど、幼い日の思い出をつづった詩に山田耕筰が美しく親しみやすい旋律をつけました。

むう

ろふう

■赤シートを使って答えよう！

作詞者	三木露風 (みきろふう)	作曲者	山田耕筰 (やまだこうさく)
	1889 ~ 1964(明治22 ~ 昭和39)年		1886 ~ 1965(明治19 ~ 昭和40)年

調	変ホ 長調	拍子	3/4 4 分の 3 拍子(びょうし)	速度	♩ =58~63

●記号・用語

① ピアノ： 弱く
② クレシェンド： だんだん強く
③ メッゾ フォルテ： 少し強く
④ デクレシェンド： だんだん弱く

●（　）に歌詞を書こう！

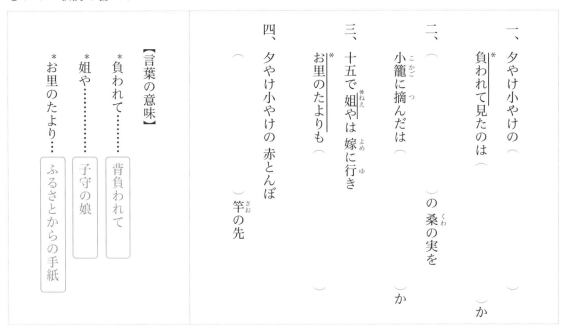

一、夕やけ小やけの（　）
　負*われて見たのは（　）か

二、（　）の桑の実(くわ)を
　小籠(こかご)に摘んだは（　）か

三、十五で 姐(ねえ)やは 嫁(よめ)に行き
　お里のたよりも（　）

四、夕やけ小やけの 赤とんぼ
　（　）竿(さお)の先

【言葉の意味】
*負われて………背負われて
*姐や…………子守の娘
*お里のたより…ふるさとからの手紙

ぴたトレ 2 練習　赤とんぼ

問／11問　時間 10分　解答 p.3

◆曲について

□①作詞者は誰ですか。

□②作曲者は誰ですか。

□③この曲は何分の何拍子ですか。

□④この曲は何調ですか。

◆歌詞について

□⑤「負われて」とはどういう意味ですか。

□⑥「姐や」とはどういう意味ですか。

□⑦「お里のたより」とはどういう意味ですか。

◆記号・用語

□⑧　*p* の読み方と意味を書きなさい。

□⑨　*mf* の読み方と意味を書きなさい。

□⑩　⟨ の読み方と意味を書きなさい。

□⑪　⟩ の読み方と意味を書きなさい。

| ① |
| ② |
| ③ |
| ④ |
| ⑤ |
| ⑥ |
| ⑦ |

| ⑧ 読み方 |
| 意味 |
| ⑨ 読み方 |
| 意味 |
| ⑩ 読み方 |
| 意味 |
| ⑪ 読み方 |
| 意味 |

赤とんぼ

教科書1年28〜29ページ

●楽譜を完成させよう！

⌐ ⌐や □ に下から記号を選んで入れて，楽譜を完成させよう。□には歌詞を書こう。

p　*mf*

⟨　　⟩

※教科書を見て，答え合わせをしよう。

23

赤とんぼ

大切! ❶ 次の（ ）にあてはまる言葉を，下の▭▭▭から選んで書きなさい。

▶ この歌を作曲した▢（ ① ）は，わが国の西洋音楽の普及に多大な貢献をした作曲家の一人である。日本語の▢（ ② ）を生かした旋律（せんりつ）で，親しみやすい歌曲を多くつくった。

▶ この歌の作詞者である▢（ ③ ）は，叙情的（じょじょう）な作風の詩人として人気を博した。「赤とんぼ」は彼自身の▢（ ④ ）を書いた詩である。

▶ この曲は▢（ ⑤ ）拍子（びょうし）で，♩＝58〜63の▢（ ⑥ ）速度である。

 ▶ この曲は，a，bという異なる2つの4小節のフレーズが，1つの大きなまとまりになった▢（ ⑦ ）である。

> 成田為三（なりたためぞう）　　山田耕筰（やまだこうさく）　　北原白秋（きたはらはくしゅう）　　三木露風（みきろふう）　　美しい響き（ひび）
>
> 将来の夢　　幼い頃（ころ）の思い出　　4分の2　　4分の3　　4分の4
>
> 速めの　　ゆったりした　　一部形式　　二部形式

大切! ❷ 「赤とんぼ」で使われている記号について，（ ）に入るものを答えなさい。

記号	読み方	意味
p	ピアノ	▢（ ① ）
mf	メッゾ　フォルテ	▢（ ② ）
＜	▢（ ③ ）	▢（ ④ ）
＞	▢（ ⑤ ）	だんだん弱く
♩♩	▢（ ⑥ ）	高さの違う（ちが）2つ以上の音符（なめ）を滑らかに
♩＝58〜63		▢（ ⑦ ）に♩を58〜63打つ速さで
Ｖ	ブレス	▢（ ⑧ ）

❸ 「赤とんぼ」の歌詞について答えなさい。

よく出る (1) 次の歌詞の意味を書きなさい。

　▢① 負われて

　▢② 姐や（ねえ）

　▢③ お里のたより

▢(2) 歌詞にこめられた作詞者の思いを**ア**〜**ウ**から選びなさい。

　ア 大自然へのあこがれ

　イ 母への感謝

　ウ ふるさとの思い出

(3)1〜4番までの歌詞を思い出しながら考えよう。

 ▢(3) 1番から4番の歌詞の中で，作者が現実の赤とんぼを見ているのは何番ですか。

❹ 「赤とんぼ」の楽譜を見て，下の問いに答えなさい。

□(1)　４分の３拍子についての説明です。（　）に正しい数字を入れなさい。

　　　１小節の中に，（　）分音符が（　）つある拍子。

(2)　楽譜中の強弱記号についての記述です。正しいほうの記号を答えなさい。

　　□①　音が（**ア**　低い　　**イ**　高い）ところについている記号は *mf* である。

　　□②　音がだんだん（**ア**　高くなる　　**イ**　低くなる）とき，強弱記号は ＜ が使われ

　　　　ている。

□(3)　楽譜中で使われている，最も強い強弱記号を答えなさい。

表現 □(4)　楽譜の中にＡの記号がついている場合は，どんなふうに歌うとよいですか。

表現 (5)　次の記述について，よいものには○，よくないものには×で答えなさい。

　　□①　歌い出しと最後は，弱く歌う。

　　□②　強弱記号にとらわれずに，自分の歌いやすいように歌う。

　　□③　歌詞のまとまりを意識して，４小節ごとのフレーズを感じて歌う。

　　□④　息が苦しいときは，その都度大きく息を吸う。

❶ 3点	①		②		③		④	
	⑤		⑥		⑦			
❷ 4点	①		②		③		④	
	⑤		⑥		⑦		⑧	
❸ 4点	(1)	①			②			
		③		(2)			(3)	番

❹ 3点	(1)	１小節の中に，（　　　）分音符が（　　　）つある拍子。				完答
	(2)	①	②	(3)		
	(4)					
	(5)	①	②	③	④	

成績評価の観点 表現 …音楽についての思考・判断・表現　表現 のマークがない問題は，全て音楽についての知識・技能の問題です。　25

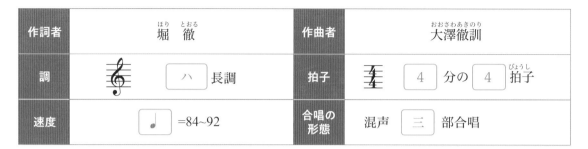

レッツ　サーチ　フォー　トゥモロー
Let's Search For Tomorrow

時間 **5分**

■赤シートを使って答えよう！

作詞者	堀　徹（ほり　とおる）	作曲者	大澤徹訓（おおさわあきのり）
調	ハ 長調	拍子	4 分の 4 拍子（びょうし）
速度	♩=84~92	合唱の形態	混声 三 部合唱

●記号・用語

① rit. ……… ② a tempo ③ ﬀ

④ > > >

①リタルダンド： だんだん遅く（おそく）

②ア テ ン ポ： もとの速さで

③フォルティッシモ： とても強く

④アクセント：その音を 目立たせて ，
　　　　　　強調して

声部が重なったときの響き（ひびき）の豊かさを味わって歌おう。

●（　）に歌詞を書こう！

（　　　　　　　　）を探そう この広い世界で

今こそその時 さあ みんなで（　　　　　　　）

明日への（　　　　　　　）期待ふくらませて

僕（ぼく）たちのすばらしい（　　　　　　　）を

　*Let's search for Tomorrow, search for Tomorrow.

　　Let's search for Tomorrow.

　　　（　　　　　　　　　　　　）

今（　　　　　　　　）後ろ振り向かず

さあ すばらしい明日を（　　　　　　　）

　*くりかえし

Let's Search For Tomorrow

問／5問　時間 **5分**　解答 p.4

□①この曲は何分の何拍子ですか。

□②この曲は何調ですか。

□③合唱の形態を答えなさい。

□④ a tempo の読み方と意味を書きなさい。

□⑤ ﬀ の読み方と意味を書きなさい。

①
②
③
④ 読み方
意味
⑤ 読み方
意味

Let's Search For Tomorrow

時間 15分 ／50点　合格 35点　解答 p.4

❶ 「Let's Search For Tomorrow」で使われている強弱記号について答えなさい。

□(1) 右の強弱記号を，だんだん強くなるように並べかえなさい。

mp *mf* *f* *p* *ff*

□□(2) *ff* の読み方と意味を答えなさい。

❷ 次の楽譜の演奏順を①〜⑥の番号で答えなさい。

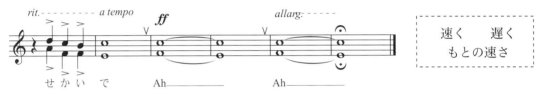

❸ この曲の最後の部分の歌い方について述べた文です。（　）に入る言葉を から選んで答えなさい。同じ言葉を2度使ってもかまいません。

rit. - - - - - - a tempo　*ff*　*allarg. - - - -*

せ か い で　　Ah_____　　Ah_____

速く　　遅く
もとの速さ

1小節目でだんだん□（　①　）して，2小節目で□（　②　）に戻す。

最後は強くしながらだんだん□（　③　）する。

❹ 次の(1)〜(6)がA，Bどちらの楽譜について説明しているか答えなさい。どちらにもあてはまらないものはCで答えなさい。

□(1) 男声も女声も同じ旋律を歌っている。　　□(2) 女声が2つのパートに分かれている。

□(3) 男声が2つのパートに分かれている。　　□(4) 合わせて3声のハーモニーになっている。

□(5) 合わせて4声のハーモニーになっている。　□(6) ソプラノに，この曲でいちばん高い音が
　　　　　　　　　　　　　　　　　　　　　　　　出てくる。

A　あ し た を　さ が そ う

B　Let's　search　for　To-mor-row,

❶ 5点	(1)	弱い	→	→	→	→	強い
	(2)	読み方		意味			
❷ 5点							
❸ 4点	①		②		③		
❹ 3点	(1)		(2)	(3)	(4)	(5)	(6)

成績評価の観点 表現 …音楽についての思考・判断・表現　表現 のマークがない問題は，全て音楽についての知識・技能の問題です。

春 ―第1楽章―

■赤シートを使って答えよう！

作曲者	アントニオ A. ヴィヴァルディ 1678〜1741年	出身国	イタリア 都市：ベネツィア
演奏形態	独奏ヴァイオリン ，弦楽合奏， 通奏低音 のための協奏曲		
音楽史上の 時代区分	バロック	日本の時代	江戸時代

【鑑賞のポイント】

演奏形態

独奏楽器と合奏のための器楽曲の
ことを 協奏曲 という。「春」の
独奏楽器は ヴァイオリン である。
旋律を低音で支えているのは，チェ
ンバロやオルガンなどが演奏する
通奏低音 である。

独奏ヴァイオリン

チェンバロ
（通奏低音）

弦楽合奏

曲の形式

合奏 → 独奏 → 合奏 → 独奏 → 合奏

この曲では，合奏と 独奏 が
交互に現れる。このような形式を
リトルネッロ 形式という。

ソネット

「ソネット」とは，イタリアの 詩 の
ことで， 14 行からなっている。「春」
は，ソネットの内容を音楽で表現している。

◆**作曲者について**

□①作曲者は誰ですか。

□②作曲者の生まれた国はどこですか。

①
②

◆**曲について**

□③この曲で使われている，イタリアの14行の詩のことを何と呼びますか。カタカナで答えなさい。

□④独奏楽器と合奏による器楽曲のことを，漢字3文字で何といいますか。

□⑤この曲で独奏(ソロ)を受け持つ楽器は何ですか。

□⑥チェンバロは，何を演奏して旋律を支えますか。「○○低音」の形で答えなさい。

□⑦「春」のように，合奏と独奏が交互に演奏する音楽の形式のことを何形式といいますか。

③
④
⑤
⑥
⑦

●**構成を確認しよう** ☐にソネットを書き入れよう。

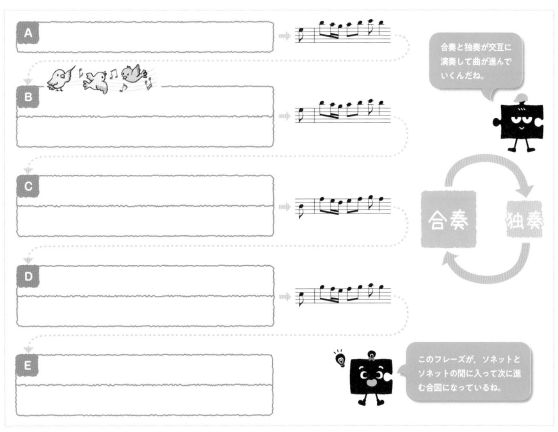

29

春 ―第1楽章―

時間 30分 ／100点　合格 70点　解答 p.4

大切! ❶ 次の（　）にあてはまる言葉を，下の ┈┈ から選んで書きなさい。

▶作曲者の□（　①　）は，1678年，□（　②　）のベネツィアで生まれた。ヴァイオリンの教師を続けながら数多くの作品を残したが，とりわけ多かったのが□（　③　）と呼ばれる独奏楽器と合奏のための器楽曲である。

▶「春」は，「□（　④　）」の中の第1曲目で，ほかに「夏」「秋」「冬」がある。4曲とも3つの楽章をもち，それらには14行からなる□（　⑤　）と呼ばれる短い詩がそえられ，情景を思い浮かべながら聴くことができる。

▶「春」の第1楽章は，合奏と独奏とが交互に現れる□（　⑥　）で書かれている。

```
シューベルト     ヴィヴァルディ    イタリア      ドイツ     協奏曲
季節    四季    ポエム    ソネット    リトルネッロ形式    二部形式
```

❷ 「春」で使われる楽器について答えなさい。

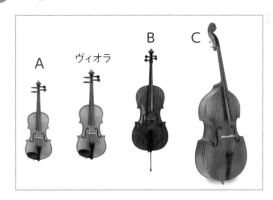

□□□(1) A，B，Cの名前を答えなさい。

□□(2) いちばん高い音を出す楽器と，いちばん低い音を出す楽器をA，B，Cで答えなさい。

□(3) これらの楽器群を，まとめて何と呼びますか。
　　ア　管楽器　　イ　弦楽器
　　ウ　打楽器　　エ　鍵盤楽器

❸ 次の2つの楽器について答えなさい。

A

B

□□(1) A，Bの名前をそれぞれ次から選んで書きなさい。
　　〔　ピアノ　　リコーダー　　チェンバロ　〕

□(2) 「春」に使われているのはどちらの楽器ですか。AかBで答えなさい。

□(3) (2)の楽器の「春」での役割は次のどちらですか。記号で答えなさい。
　　ア　楽譜に書かれた低音の上に，和音を加えて伴奏をする。
　　イ　全体をリードしながら主旋律を演奏する。

□ ❹ 「春」の演奏形態はどれですか。記号で答えなさい。

ア 　イ 　ウ

点UP □ ❺ 「春」の中で何度も出てくる，場面が切り替わるときに演奏される代表的なフレーズは，次のうちどれですか。

表現 □ ❻ 「春」を友達や家族に紹介_{しょうかい}する文章を，次の言葉を参考に自由に書きなさい。

> 音色　リズム　旋律　情景　強弱　変化

❶ 5点	①		②		③	
	④		⑤		⑥	
❷ 5点	(1)	A	B		C	
	(2)	いちばん高い：	いちばん低い：		(3)	
❸ 6点	(1)	A	B		(2)	(3)
❹ 6点			❺ 5点			
❻ 5点						

魔王 −Erlkönig−

時間 **10**分

■赤シートを使って答えよう!

	フランツ ペーター F.P. シューベルト 1797 ～ 1828 年		ヨハン ヴォルフガング フォン J. W. v. ゲーテ 1749～1832年	
作曲者	出身国: オーストリア	作詞者	出身国: ドイツ	
演奏形態	独唱〔歌唱〕 とピアノ	音楽史上の 時代区分	ロマン派	日本の 時代 江戸時代

【鑑賞のポイント】

登場人物

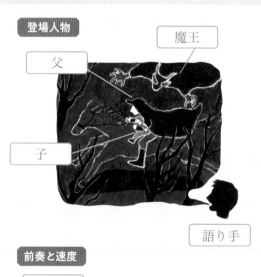

父
魔王
子
語り手

前奏と速度

ピアノ による前奏では,右手の

3連符(♪♪♪)による前奏が特徴的。

速度は♩=152 で非常に 速い 。

あらすじ

父が子を抱き 馬 に乗り,風の

吹く森の夜道を走っている。

子 は魔王の姿を見てさらわれ

ると父に訴えるが,父に 魔王 の

姿は見えない。家に戻ると,子は

息絶えて いた。

シューベルトと歌曲

シューベルトは15歳で作曲を始め,

18 歳で「魔王」をつくった。

31歳で生涯を終えるまでに 600

曲以上の リート と

呼ばれるドイツ語による

歌曲を残した。

◆作者について

□①作曲者は誰ですか。

□②作曲者の生まれた国はどこですか。

□③作曲者は何歳のときにこの曲を書きましたか。

□④もととなった詩は誰が書いたものですか。

□⑤詩の作者が生まれた国はどこですか。

①

②

③

④

⑤

◆曲について

□⑥この曲は，どのような形態で演奏されますか。
　「〜と…」の形で答えなさい。

□⑦この曲はドイツ語による歌曲ですが，一般に
　何と呼ばれますか。カタカナ3文字で答えなさい。

⑥

⑦

◆あらすじ

□⑧物語に登場する人物を3人答えなさい。

□⑨歌い手は，語り手を含めて，計何人を歌い分けますか。

□⑩子は，誰におびえていますか。

⑧

⑨

⑩

◆前奏について

⑪

⑫

⑬

□⑪この部分を演奏する楽器は何ですか。

□⑫ ♩=152 は，どの速さで演奏するか，記号で答えなさい。
　　ア　速く　　　イ　中ぐらいの速さで　　　ウ　ゆっくり歩くような速さで

□⑬ は，何と呼ばれる音符ですか。

ゲーテの詩の世界を
音楽で表現したのが
歌曲「魔王」なのね。

33

魔王　―Erlkönig―
　まおう　エルケーニヒ

大切! ❶ 次の（　）にあてはまる言葉を，下の □ から選んで書きなさい。

▶ シューベルトは1797年，□（　①　）のウィーン郊外で生まれた。□（　②　）歳で作曲を始め，□（　③　）歳で亡くなるまでに多数の作品を残した。「魔王」はシューベルトが□（　④　）歳のときに書かれたもので，□（　⑤　）の詩に曲を付けた歌曲である。

▶ 歌曲の中でも，ドイツ語による歌曲を□（　⑥　）と呼び，「魔王」もその一つである。完成した詩に音楽が付いた独立した音楽作品として扱われており，これを発展・確立させたのがシューベルトだと言われる。歌と□（　⑦　）が一体化して詩の情景を描写しているのが特徴である。

▶ この曲は♩=152の非常に□（　⑧　）速度で演奏される。前奏では，ピアノの右手で演奏される3連符が□（　⑨　）の駆ける様子を表し，続く左手のフレーズがこの曲の□（　⑩　）を予感させる。

▶ □（　⑪　）の歌い手が，語り手と3人の人物を歌い分けながら，物語が進んでいく。

> イタリア　オーストリア　ドイツ　13　18　31　シェイクスピア　ゲーテ
> シャンソン　　　リート　　　ピアノ伴奏　　　オーケストラ
> 速い　ゆったりした　鳥　馬　おだやかさ　不気味さ　1人　2人

よく出る ❷ 「魔王」のあらすじについて，（　）にあてはまる言葉を □ から選んで書きなさい。同じ言葉を何回使ってもかまいません。

　　ある嵐の夜，□（　①　）が□（　②　）を抱き馬に乗り，森の中を駆けている。□（　③　）は□（　④　）を見てさらわれてしまうと訴えるが，□（　⑤　）に□（　⑥　）の姿は見えない。急いで家に帰ると□（　⑦　）は息絶えていた。

> 魔王
> 子
> 父

点UP ❸ (1)〜(4)の4人が歌っている楽譜をア〜エから，さらに，その歌の様子についての記述をa〜dからそれぞれ選び，答えなさい。

□□(1)　父　　　　□□(2)　子　　　　□□(3)　魔王　　　　□□(4)　語り手

ア　ぼうや―いっしょに　おいで

イ　お　とうさんお　とうさん　きこえない　の

ウ　ぼうや　それはさ　ぎりじゃ

エ　かぜのように　うまをかり

a　明るい声でリズミカルに楽しく歌う。　　　b　低い声で落ち着いてさとすように歌う。
c　だんだん声が高くなり，緊張感が増す。　　d　淡々と，しかし力強く歌う。

□ ❹ 「魔王」の演奏形態はどれですか。記号で答えなさい。

ア  イ  ウ

点UP ❺ 内容を聴き取るヒントになるドイツ語がいくつかあります。(1)～(3)はそれぞれ誰が誰に言う言葉ですか。□□□をヒントにして，記号で答えなさい。

□(1) Mein Sohn（マイン ゾーン）　　□(2) Mein Vater（マイン ファーテル）　　□(3) Ich liebe dich（イッヒ リーベ ディッヒ）

　ア　子が父に言う言葉
　イ　父が子に言う言葉
　ウ　魔王が子に言う言葉
　エ　子が魔王に言う言葉

> mein（私の）
> Sohn（息子）
> Vater（お父さん）
> Ich liebe dich（私はお前が大好きだ）

よく出る ❻ 子の歌う部分について答えなさい。

□(1) 次の4つの楽譜を，曲に出てくる順に，だんだん音が高くなるように並べかえなさい。

ア
お とう さん お とうさん

イ
お とう さん

ウ
お とう さん お とうさん

エ
お とう さん お とうさん

表現 □(2) 子は，曲が進むにつれ，だんだん高い音で歌うようになります。その理由について，物語の内容をもとに自分の考えを書きなさい。

❶	①		②		③	
	④		⑤		⑥	
	⑦		⑧		⑨	
3点	⑩		⑪			

❷	①		②	③		④
3点	⑤		⑥	⑦		

❸ 3点	(1)		(2)	(3)		(4)

❹ 5点		❺ 3点	(1)	(2)	(3)

❻	(1)	→	→	→	
4点	(2)				

成績評価の観点　表現 …音楽についての思考・判断・表現　表現 のマークがない問題は，全て音楽についての知識・技能の問題です。

雅楽「平調 越天楽」—管絃—

時間 **10分**

> 雅楽は
> 10世紀ごろ、平安時代には
> ほぼ今の形になり、
> およそ1300年、
> 形を変えずに
> 受けつがれています。

まあ
すてき！

ふふ、平安貴族の
たしなみさ。

なんでも
ござれ

■赤シートを使って答えよう！

【鑑賞のポイント】

歴史

5～9世紀頃に アジア 各地から伝わった音楽や舞や，日本古来の芸能を含めたものが 雅楽 である。主に宮廷や寺社などで 儀式 の音楽として伝えられてきた。 平安 時代には，貴族の教養の一つとされた。

間(ま)

雅楽の演奏には 指揮者 がいないため，速度を決めたり終わりの合図を出したりする役割は，鞨鼓の奏者が受け持つ。演奏は通常， 竜笛 の奏者の旋律から始まり，次第に別の楽器が互いに 間(合い) を取り合いながら加わっていく。

楽器

「平調 越天楽」のように舞や歌を伴わず楽器だけで演奏されるものを 管絃 という。使われる楽器は奏法により 吹物 (管楽器)， 打物 (打楽器)， 弾物 (弦楽器)の3つに分けられる。

横笛！

リードの付いた縦笛！

和音が出せる！

竜笛　　　篳篥　　　笙

唱歌(しょうが)

演奏を習う際は，楽器や楽譜を用いず， (口)唱歌 で行う。師と弟子が一対一で向き合い，膝をたたいて 拍(拍子) をとりながら， 言葉(声) で歌の感じを表し，覚えていく。

中村 仁美 採譜

チ　ラ　ロ　ヲルロ

唱歌を五線に移したもの

雅楽「平調 越天楽」−管絃−

◆ **雅楽について**

☐①雅楽が今の形になったのは何世紀頃ですか。

☐②雅楽がその時代の貴族にとっての教養の一つとなったのは日本の何時代ですか。

☐③雅楽のうち,「平調 越天楽」のように楽器だけで演奏されるものを漢字2文字で何といいますか。

| ① |
| ② |
| ③ |

◆ **楽器について**

☐④雅楽で使われる楽器は,奏法によっていくつに分けられますか。

☐⑤竜笛, 篳篥, 笙などの管楽器をまとめて何と呼びますか。

☐⑥琵琶, 箏などの弦楽器をまとめて何と呼びますか。

☐⑦鉦鼓, 太鼓, 鞨鼓などの打楽器をまとめて何と呼びますか。

☐⑧雅楽の演奏に指揮者はいますか。

| ④ |
| ⑤ |
| ⑥ |
| ⑦ |
| ⑧ |

◆ **唱歌について**

☐⑨「唱歌」の読み方をひらがなで書きなさい。

☐⑩唱歌とは,何をすることか,記号で答えなさい。

　　ア　演奏の際に楽譜を読むこと　　イ　演奏の際に声で表現すること

| ⑨ |
| ⑩ |

● **雅楽の演奏形態を知ろう！**

同じ楽器を複数で演奏する吹物と弾物は, いちばん前にいる主奏者が演奏をリードするのよ。

指揮者の役割をするのは鞨鼓の奏者だよ。

雅楽「平調 越天楽」―管絃―

| 時間30分 | 合格70点 /100点 | 解答 p.6 |

❶ 次の( )にあてはまる言葉を,下の ▭ から選んで書きなさい。同じ言葉を2度使ってもかまいません。

▶ 雅楽は,□(①)各地から伝えられた音楽や舞が,□(②)世紀頃には今の形になった。伝来してからおよそ □(③)年の間,ほぼ形を変えずに伝承されており,現存する世界最古のオーケストラといわれる。

▶ 雅楽は,主に宮廷や寺社で□(④)のための音楽として演奏されてきた。また,□(⑤)時代には貴族の教養の一つとされた。

▶ 雅楽には,楽器だけで演奏される□(⑥)と,舞を伴う□(⑦)とがある。「平調 越天楽」は□(⑧)の曲である。

▶ 演奏で使われる楽器は,奏法により□(⑨)(管楽器),□(⑩)(打楽器),□(⑪)(弦楽器)の3つに分けられる。

▶ 雅楽には□(⑫)が存在しないため,□(⑬)の奏者が速度を決めたり終わりの合図をしたりする。その他の奏者はお互いに聴き合い,□(⑭)を取りながら演奏する。

▶ 演奏を習う際には,□(⑮)という方法が用いられる。これは楽器を持たずに,聴いた旋律やリズムの感じを□(⑯)にしてまねて覚えるもので,日本音楽の伝統的な技術継承法である。

> ヨーロッパ　　アジア　　日本　　10　　18　　1300　　200　　行進　　儀式
> 江戸　　平安　　管絃　　能　　舞楽　　歌舞伎　　弾物　　打物　　吹物
> 伴奏者　　指揮者　　鞨鼓　　太鼓　　間合い　　唱歌　　言葉

❷ 次の各問いに答えなさい。

□(1) 次のA～Cの楽器は,共通した素材から作られています。ア～ウのどれですか。記号で答えなさい。

A　　　　　　　B　　　　　　　C

> ア　杉
> イ　竹
> ウ　桜

(2) 次の説明は,上のA～Cのどの楽器のものですか。A～Cの記号で答えなさい。

□① 一度に5～6つの和音を出すことができる。吹いても吸っても音が出る。

□② 高い音域で,やや装飾的な旋律を演奏する。

□③ リードを使って息を吹き込む縦笛。

□(3) 雅楽の楽器の習い方である「唱歌」の読み方をひらがなで書きなさい。

点UP □(4) 唱歌の練習では,どのようにして拍を取りますか。1つ選んで記号で答えなさい。
　　ア　手拍子を打つ。　　イ　膝の上や膝の横を手のひらでたたく。
　　ウ　足のかかとを上げたり下げたりして床を打つ。

❸ 雅楽で使われる楽器について答えなさい。

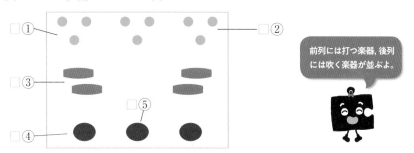

> 前列には打つ楽器, 後列
> には吹く楽器が並ぶよ。

(1) 「平調 越天楽」で, 上の図の①〜⑤の場所で演奏する楽器を下のA〜Hから選びなさい。

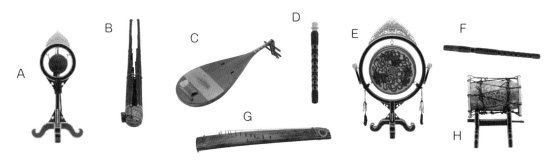

(2) 上のA〜Hの楽器名を下から選んで書きなさい。＊箏は楽箏, 太鼓は楽太鼓, 琵琶は楽琵琶とも言います。

> □鞨鼓〈かっこ〉 □箏〈こと〉 □笙〈しょう〉 □鉦鼓〈しょうこ〉 □太鼓 □篳篥〈ひちりき〉 □琵琶〈びわ〉 □竜笛〈りゅうてき〉

❹ 雅楽について, 西洋音楽やオーケストラとの違い, 日本音楽の特徴〈とくちょう〉や楽器の音色, 演奏の習い方などについてふれながら, 海外の人に説明する文を書きなさい。

❶	①	②	③	④
	⑤	⑥	⑦	⑧
	⑨	⑩	⑪	⑫
	⑬	⑭	⑮	⑯

❷	(1)		(2)①	②	③
	(3)		(4)		

❸	(1)①		②		③		④		⑤
	(2)	A		B		C		D	
		E		F		G		H	

❹	

成績評価の観点 [表現]…音楽についての思考・判断・表現　[表現]のマークがない問題は, 全て音楽についての知識・技能の問題です。　39

箏曲「六段の調」

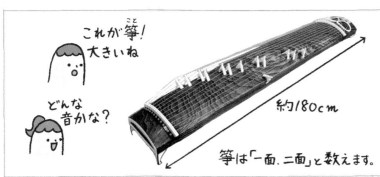

これが箏！大きいね

どんな音かな？

約180cm

箏は「一面, 二面」と数えます。

奈良時代に中国から雅楽(管絃)の楽器として伝わりました。その後独立し, 楽器も改作されて日本独自の箏の音楽が発展しました。

■赤シートを使って答えよう！

作曲者 (といわれる人)	八橋検校	1614 ～ 1685 年	日本の時代	江戸	時代
演奏形態	箏		の独奏曲(二重奏や, 三味線や尺八との合奏の場合もある)		

【鑑賞のポイント】

構成

いくつかの部分(段)に分かれた器楽曲を 段物 と呼ぶ。「六段の調」は 6つ の段で構成される。段が進むにつれて速度はどんどん 速く なり, 最後は緩やかになって終わる。この日本音楽の伝統的な構成を 序破急 という。すべての段は同じ 拍数 (104拍)でできている(冒頭の 4 拍は初段に含まれない)。

| 初段 |
| 二段 |
| 三段 |
| 四段 |
| 五段 |
| 六段 |

八橋検校

八橋検校は, 現在の箏曲の基礎を築いた人物。「検校」とは 目 の不自由な人でつくられた組織の最高位のこと。

八橋検校肖像(菊塚家所蔵)

調弦

この曲は, 平調子 という, 箏の基本的な調弦で演奏される。

一の弦をホにした場合

一 二 三 四 五 六 七 八 九 十 斗 為 巾

奏法

右手の指に 爪 をつけて糸を弾き, 左手 を用いて余韻を変化させる。

右手で弾いたあと,左手で糸を押して,音を上げる。

後押し

右手で弾いたあと,左手で糸をゆるめ,音を半音ほど下げる。

引き色

箏曲「六段の調」

問／14問　時間 10分　解答 p.6

◆箏について

□①どこの国から伝わった楽器ですか。

□②いつの時代に日本に伝わってきましたか。

□③初めはどのような音楽に使われていましたか。

□④現在の形の「箏曲」が発展したのは何時代ですか。

①
②
③
④

◆曲について

□⑤この曲のように,いくつかの部分(段)に分かれて構成されている器楽曲を何といいますか。

□⑥この曲の調弦法を何といいますか。

□⑦この曲の速度の変化について,正しいものを記号で答えなさい。

　ア　初段から三段に向かって速くなり,四段から最後に向かって遅(おそ)くなる。

　イ　初段から六段まで次第に遅くなり,最後だけ激しくなって終わる。

　ウ　初段はゆっくり始まり,次第に速くなり,最後に再び緩やかになって終わる。

□⑧⑦のような,日本音楽の伝統的な構成を何と呼びますか。

⑤
⑥
⑦
⑧
⑨
⑩
⑪
⑫

◆箏の奏法について

□⑨爪をつけて糸を弾くのはどちらの手ですか。

□⑩糸を押したりゆるめたりして,音の高さを変えるのはどちらの手ですか。

□⑪弾いたあと,糸をゆるめて半音ほど下げる奏法を何といいますか。

□⑫弾いたあと,糸を押して音高を上げる奏法を何といいますか。

◆八橋検校について

□⑬いつの時代に活躍(かつやく)した人ですか。

□⑭「検校」の意味として正しいものを,記号で答えなさい。

　ア　箏の名人に与えられる称号(しょうごう)

　イ　目の不自由な人でつくられた組織の最高位

　ウ　雅楽(ががく)の伝統を受け継ぐ演奏家たちの総称

⑬
⑭

「序破急」は箏曲だけじゃない,日本の伝統音楽全体の特徴(とくちょう)だよ!

●箏の爪

◀角爪(かくづめ)
(生田流)(いくたりゅう)

◀丸爪(まるづめ)
(山田流)(やまだりゅう)

箏曲「六段の調」

| 時間 30分 | /100点 | 目標 70点 | 解答 p.6 |

大切! ❶ 次の（　）にあてはまる言葉を，下の◻◻◻から選んで書きなさい。

▶この曲を演奏する楽器である◻（　①　）は，◻（　②　）時代に◻（　③　）大陸から伝来した。十三本ある糸を，◻（　④　）の指にはめた爪で弾きながら演奏し，◻（　⑤　）で糸を操作して音の◻（　⑥　）を変化させる。はじめは◻（　⑦　）の楽器として伝来したが，◻（　⑧　）時代には日本独自の楽器として発展し，さまざまな曲がつくられた。

▶「六段の調」をつくったといわれる◻（　⑨　）は目が不自由だったが，大坂や江戸で三味線や箏を学び，25歳の頃には目の不自由な人でつくられる組織の最高位についた。この「六段の調」の調弦でもある◻（　⑩　）を確立し，箏曲の基礎を築いた人物である。

▶この曲は，いくつかの部分(段)で構成された◻（　⑪　）と呼ばれる器楽曲である。名前のとおり◻（　⑫　）。最初はゆっくりとした速さで始まり，音楽がのってくるにつれて，次第に◻（　⑬　）なっていき，最後はまた◻（　⑭　）なって終わる。

> 箏　尺八　平安　奈良　江戸　明治　ヨーロッパ　中国　右手　左手
> 高さ　強さ　雅楽　歌舞伎　生田検校　八橋検校　平調子　段物　唱歌
> 6人で演奏される　6つの段で構成される　6つの楽器で演奏される
> 速く　緩やかに　めまぐるしく

よく出る ❷ 「六段の調」の初段で使われている奏法について，（　）にあてはまる言葉を書きなさい。

(1) 図1のような奏法を◻（　①　）といい，初段の冒頭に使われている。左手で糸をゆるめて，音の高さをわずかに◻（　②　）る。

(2) 図2のような奏法を◻（　①　）という。爪で弾いたあと，左手で弦を押して，音の高さを◻（　②　）る。

図1

図2

❸ 次の人名の読み方を，ひらがなで書きなさい。

八橋検校

❹ 右の写真は，箏の糸を支えているものです。何という名前か，漢字で答えなさい。また，その読み方をひらがなで書きなさい。

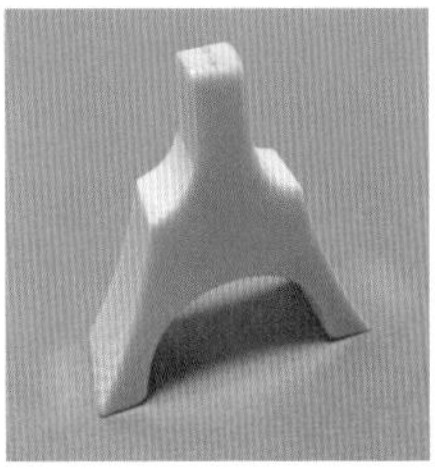

⑤「平調子」の音階を見て答えなさい。

一　二　（　）四　五　六　（　）八　九　十　斗　為　巾

□□(1)　「六段の調」は，都節音階を使った「平調子」でつくられています。□に入る音符を書きなさい。

□□(2)　（　）に入る糸の名前を入れなさい。

□□□(3)　_____の３つの糸の名前の読み方をひらがなで答えなさい。

⑥「六段の調」の速度の変化について答えなさい。

□(1)　この曲にみられる速度の変化について，正しいものを１つ選びなさい。

ア　ゆっくり始まる　⇒　次第に速くなる　⇒　緩やかになって終わる

イ　はげしく始まる　⇒　次第に遅くなる　⇒　緩やかになって終わる

ウ　ゆっくり始まる　⇒　次第に速くなる　⇒　いちばん速くなって終わる

□(2)　(1)のような，日本音楽の特徴的な速度の変化を何というか。漢字３文字で書きなさい。

表現 □ **⑦** この曲を聴いて感じたことを，次の言葉を参考に自由に書きなさい。

> 音色　　速度の変化　　響き　　西洋音楽　　和楽器

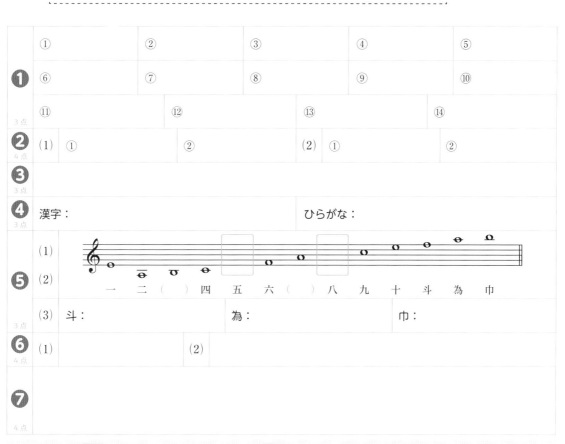

❶	①		②		③		④		⑤
3点	⑥		⑦		⑧		⑨		⑩
	⑪		⑫		⑬		⑭		
❷ 4点	(1)	①		②		(2)	①		②
❸ 3点									
❹ 3点	漢字：					ひらがな：			
❺	(1)								
	(2)								
3点	(3)	斗：		為：			巾：		
❻ 4点	(1)			(2)					
❼ 4点									

成績評価の観点 **表現** …音楽についての思考・判断・表現　**表現** のマークがない問題は，全て音楽についての知識・技能の問題です。

六段の調

教科書１年56〜57ページ

43

日本の民謡（ソーラン節 ほか）

■赤シートを使って答えよう！

● 日本の民謡のいろいろなタイプ

仕事歌	…田植えや漁，建築などの作業のときの歌。（ソーラン節，江戸の鳶木遣　など）
祝い歌	…正月や婚礼，収穫などで歌われるめでたい歌。（宮城長持唄　など）
踊り歌	…盆踊りのように，歌に合わせて踊るための歌。（花笠音頭，木曽節　など）

子守歌　…幼い子の世話をするときに歌われた歌。（五木の子守唄　など）
座興歌　…くらしの中のいこいや娯楽として歌われるもの。（伊勢音頭，よさこい節　など）

● 民謡の音階…オクターヴの中の5つの音を使う

● 日本のさまざまな民謡

民謡音階　（こきりこ,ソーラン節など）

沖縄（琉球）音階　（谷茶前など）

● 民謡の特徴

節回し	…旋律の上がり下がり,抑揚,装飾など
コブシ	…細かく音をゆらすような装飾的な歌い方
囃子詞	…歌の前後にはさみこむかけ声

拍節的リズム…はっきりした拍のあるリズム
　　　　　　　（ソーラン節，谷茶前など）

非拍節的リズム…はっきりした拍のないリズム
　　　　　　　（刈干切唄　など）

木曽節（長野県）
こきりこ（富山県）
デカンショ節（兵庫県）
安来節（島根県）
ソーラン節（北海道）
宮城長持唄（宮城県）
江戸の鳶木遣（東京都）
伊勢音頭（三重県）
よさこい節（高知県）
谷茶前（沖縄県）
五木の子守唄（熊本県）

日本の民謡（ソーラン節 ほか）

□①正月や婚礼などで歌われる民謡を何といいますか。　①

□②農作業や漁などで歌われる民謡を何といいますか。　②

□③子どもをあやすときに歌う民謡を何といいますか。　③

□④ソーラン節などで使われている音階を何といいますか。　④

□⑤谷茶前などで使われている音階を何といいますか。　⑤

□⑥細かく音をゆらすような歌い方を何といいますか。　⑥

□⑦歌の前後に入れるかけ声を何といいますか。　⑦

大切！ ① 次の( )にあてはまる言葉を, 下の⬚⬚⬚から選んで書きなさい。

日本各地にはさまざまな民謡が多くあるが, 大きくは5つのタイプに分かれる。

正月や婚礼などの席で歌われる□(①), 農作業や漁業などで歌われる□(②),

子守のときに歌われる□(③), 踊りに合わせて歌われる□(④), くらしの中で楽

しむために歌われる□(⑤)の5つである。

> 踊り歌　　座興歌　　子守歌　　祝い歌　　応援歌　　仕事歌

② 「ソーラン節」について, あとの問いに答えなさい。

> ヤーレン　ソーラン　ソーラン　ソーラン
> ソーラン　ソーラン　Aハイハイ
> ニシン来たかと　□(①)に聞けば
> 私(わたし)や発(た)つ鳥　□(②)に聞けチョイ

□(1)　どこの民謡ですか。都道府県名で答えなさい。

□□(2)　①・②に入る歌詞を書きなさい。

□(3)　Aのように, 曲の合間に入るかけ声を何といいますか。

□(4)　この民謡はどのようなときに歌われたものですか。ア～ウから選び, 記号で答えなさい。

　ア　大漁を祝うとき　　イ　漁をするとき　　ウ　浜辺で踊るとき

点UP □(5)　この民謡で使われている音階をア～エから1つ選びなさい。

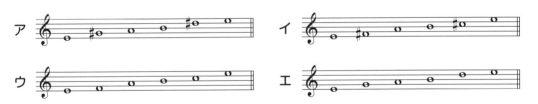

表現 □ ③ 次の民謡から1つ選び, その特徴について自由に書きなさい。〔 〕にある言葉を参考にしましょう。

① ソーラン節　　② 刈干切唄(かりぼしきりうた)　　③ 谷茶前

〔 仕事歌　　踊り歌　　リズム　　コブシ　　囃子詞　　音階 〕

❶ 4点	①	②	③
	④	⑤	
❷ 4点	(1)	(2)①	②
	(3)	(4)	(5)
❸ 6点	〔選んだ民謡　　　　〕		

成績評価の観点 表現 …音楽についての思考・判断・表現 表現 のマークがない問題は, 全て音楽についての知識・技能の問題です。　45

リコーダーのまとめ

■赤シートを使って答えよう！

各部の名前

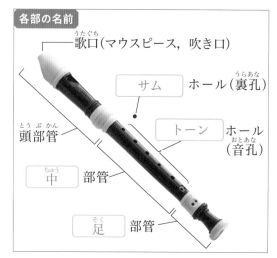

歌口（マウスピース，吹き口）

うたぐち

| サム | ホール（裏孔）

うらあな

とうぶかん
頭部管

| トーン | ホール
（音孔）

おとあな

| 中 | 部管

ちゅう

| 足 | 部管

そく

指の番号

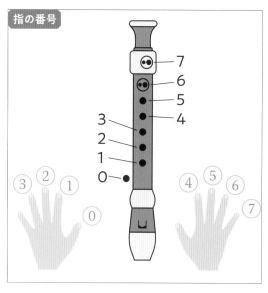

7
6
5
4
3
2
1
0

③ ② ①

⓪

④ ⑤ ⑥

⑦

姿勢

・肩や腕の力を | 抜く |

かた うで　　　　　ぬ

・背筋を | 伸ばす |

せ すじ　　　の

・顎を | 引く |

あご

用語

・舌を使って音を出したり止めたりすることを
| タンギング | という。

・裏孔にわずかな隙間をつくって | 高い |

すきま

　音を出す運指を | サミング | という。

・ピッチ（音の高さ）を調整することを
| チューニング | という。

ピッチを | 高く |　　　ピッチを | 低く |
したいとき↓　　　　　　したいとき↓

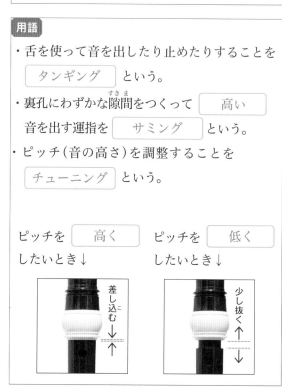

差し込む↓　　　　少し抜く↑

こ

リコーダーのまとめ

□①舌を使って音を出したり止めたりすることを
　カタカナで何といいますか。

□②ピッチを調整することをカタカナで何といいますか。

□③裏の孔にわずかな隙間をつくって音を出す運指を
　カタカナで何といいますか。

□④裏側にある孔のことをカタカナで何といいますか。

①
②
③
④

リコーダーのまとめ

大切! ❶ リコーダーについて，次の（　）から正しいものを選び，記号で答えなさい。

▶アルト リコーダーは，小学校のときに使ったソプラノ リコーダーよりも□①（ **ア** 長い　**イ** 短い）ので，ソプラノ リコーダーよりも□②（**ア** 高い　**イ** 低い）音域を出すことができる。

▶吹くときは，背筋を□③（**ア** 丸め　**イ** 伸ばし），肩や腕の力を□④（**ア** 入れて　**イ** 抜いて）顎を□⑤（**ア** 引き　**イ** 出し），自然な角度で楽器を構える。

▶ピッチ（音の高さ）を調整するときは，頭部管を□⑥（**ア** 差し込む　**イ** 抜く）と高い音になり，少し□⑦（**ア** 差し込む　**イ** 抜く）と低い音になる。また，吹く息が□⑧（**ア** 強　**イ** 弱）かったり，楽器が温まっても高い音になる。

よく出る ❷ リコーダーに関する用語の説明です。それぞれどの用語についての説明か，[ ]から選んで書きなさい。

□(1) 舌を使って音を出したり止めたりすること。

□(2) ピッチ（音の高さ）を調整すること。

□(3) 裏孔にわずかな隙間をつくって高い音を出す運指。

手の親指のことを英語でthumbと言うよ。ヒントになるかな？

> サミング　　タンギング　　チューニング　　ピッチング

❸ 次の音をアルト リコーダーで出すとき，閉じる孔をぬりつぶしなさい。
（解答らんに書くこと）

□(1) 　　□(2) 　　□(3)

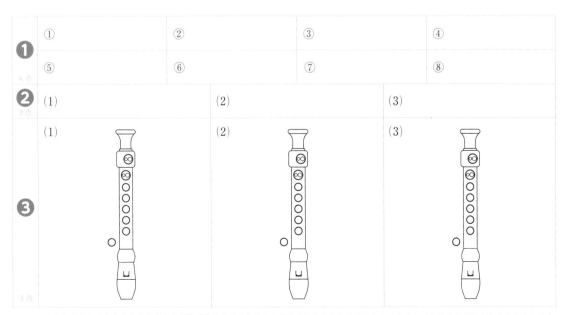

❶ 4点	①	②	③	④
	⑤	⑥	⑦	⑧

❷ 3点	(1)	(2)	(3)

❸ 3点	(1)	(2)	(3)

音符のトレーニング①

解答
p.8

■赤シートを使って音符や休符の名前を確認しよう。そのあと，3回ずつ音符や休符を書こう。

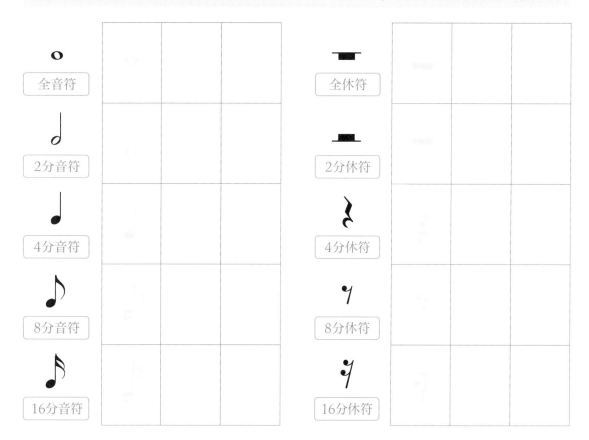

全音符				全休符			
2分音符				2分休符			
4分音符				4分休符			
8分音符				8分休符			
16分音符				16分休符			

書けたかな？

では，音符・休符の長さについて見ていきましょう。
次のように考えてみるといいよ。

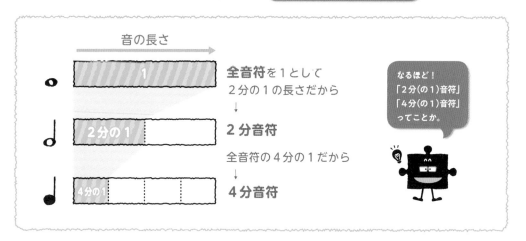

音の長さ

全音符を1として
2分の1の長さだから
↓
2分音符

全音符の4分の1だから
↓
4分音符

なるほど！
「2分(の1)音符」
「4分(の1)音符」
ってことか。

❶ 次の音符の名前を書こう。また，全音符を4マスとしたときの長さをぬろう。

□(1) 𝅝 (　　　　　　　　)

□(2) 𝅗𝅥 (　　　　　　　　)

□(3) ♩ (　　　　　　　　)

□(4) ♪ (　　　　　　　　)

□(5) 𝅘𝅥𝅯 (　　　　　　　　)

❷ 次の休符の名前を書こう。また，全休符を4マスとしたときの長さをぬろう。

□(1) 𝄻 (　　　　　　　　)

□(2) 𝄼 (　　　　　　　　)

□(3) 𝄽 (　　　　　　　　)

□(4) 𝄾 (　　　　　　　　)

□(5) 𝄿 (　　　　　　　　)

□ ❸ 同じ長さの音符と休符を線でつなごう。

♪　　𝅝　　♩　　♪　　𝅗𝅥

𝄽　　𝄿　　𝄻　　𝄼　　𝄾

□ ❹ ア〜エの音符を，音の長さの長い順に並べよう。

ア ♩　　イ ♪　　ウ 𝅘𝅥𝅯　　エ 𝅗𝅥

長い (　　　→　　　→　　　→　　　) 短い

拍子のトレーニング

解答 p.8

拍子について知ろう！

数学の分数とは違うのよ。

４分の４拍子

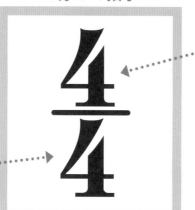

下の数字は，拍子を数える **基準になる音符の種類** を表す。ここでは「４」なので，数える基準は４分音符。

上の数字は，基準になる音符が **１小節にいくつ分入るか** を表す。ここでは「４」なので，基準となる４分音符が１小節に４つ分入る。

つまり，こうなるわね。

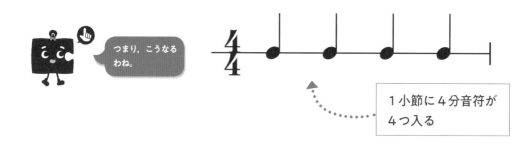

１小節に４分音符が４つ入る

❶ 次の □ に数字を入れよう。（　　）には下の ⌐¬ からあてはまる楽譜を選んで記号を入れよう。

□(1) $\frac{4}{4}$ … □ 分の □ 拍子　１小節の中に □ 分音符が □ つ入る　（　　　）

□(2) $\frac{2}{4}$ … □ 分の □ 拍子　１小節の中に □ 分音符が □ つ入る　（　　　）

□(3) $\frac{3}{4}$ … □ 分の □ 拍子　１小節の中に □ 分音符が □ つ入る　（　　　）

□(4) $\frac{6}{8}$ … □ 分の □ 拍子　１小節の中に □ 分音符が □ つ入る　（　　　）

ア ｜♩ ♩ ♩｜　　イ ｜♩ ♩ ♩ ♩｜　　ウ ｜♪♪♪ ♪♪♪｜　　エ ｜♩ ♩｜

2 次の楽譜は何分の何拍子か，□に数字を書こう。

□(1) □/4

□(2) □/4

□(3) □/8

□(4) □/4

次は休符が入った問題だよ。
分母を入れてみてね。

𝄽 …4分休符（♩と同じ長さ）

𝄾 …8分休符（♪と同じ長さ）

3 次の楽譜は何分の何拍子か，□に数字を書こう。

□(1) 2/□

□(2) 4/□

□(3) 3/□

□(4) 6/□

4 （例）にならって，拍子に合うように小節の区切り（小節線）
を入れよう。

どの音符が基準
になるかをよく
見てね。

（例）4/4

□(1) 3/4

□(2) 2/4

□(3) 6/8

□ **5** 2拍のカードを自由に組み合わせて，4分の4拍子のリズム譜をつくってみよう。
同じカードを2回以上使ってもかまいません。

自分の好きなリズムを入れよう

4/4

拍子の
トレーニング

51

1年 総合問題

時間 30分 ／100点
目標 70点
解答 p.9

❶ 次の(1)～(3)の説明に合うものを，┌┈┐から選んで書きなさい。

☐(1) 独奏楽器と合奏のための器楽曲。

☐(2) ドイツ語で書かれている独唱用の歌曲。歌と伴奏(ばんそう)が一体となって情景を描写(びょうしゃ)する。

☐(3) 5～9世紀頃(ごろ)にアジア各地から伝わった音楽や舞(まい)と，日本古来の芸能を含めたもの。

> 独奏曲　協奏曲　カンツォーネ　リート　雅楽(ががく)　歌舞伎(かぶき)

❷ 次の(1)(2)の説明に合う作曲家の名前を書きなさい。

☐(1) バロックを代表するイタリアの作曲家。「春」など多くの器楽曲をつくった。

☐(2) オーストリア生まれの作曲家。「魔王(まおう)」などの歌曲や管弦楽(かんげん)曲などさまざまなジャンルの曲を残した。

❸ 次の楽器の名前を，┌┈┐から選んで書きなさい。

☐(1)
☐(2)
☐(3)

> ピアノ
> チェロ
> チェンバロ
> ヴァイオリン
> ギター

❹ 次の(1)(2)の楽譜(がくふ)は，④まで演奏したあと，それぞれどこにもどればよいですか。記号に注意して①～④で答えなさい。

☐(1)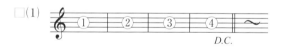

☐(2)

❺ 次の表は音楽記号の読み方や意味をまとめたものです。(　)に入るものを答えなさい。

記号	読み方	意味
ff	フォルティッシモ	☐(　①　)
pp	☐(　②　)	とても弱く
rit.	リタルダンド	☐(　③　)
a tempo	☐(　④　)	☐(　⑤　)
⌢	☐(　⑥　)	その音符(おんぷ)(休符(きゅうふ))をほどよく延ばして

6 次のA・Bの楽譜について，あとの問いに答えなさい。

□□(1) 曲名と作曲者を，それぞれ □ から選んで書きなさい。

曲名 ：浜辺の歌　　ソーラン節　　赤とんぼ
作曲者：中田喜直　　山田耕筰　　　成田為三

□□(2) それぞれの拍子記号としてあてはまるものを次から選び，記号で答えなさい。

ア $\frac{4}{4}$　　イ $\frac{6}{8}$　　ウ $\frac{3}{4}$

7 次の写真の楽器について，あとの問いに答えなさい。

□(1) この楽器の名前を次から1つ選び，記号で答えなさい。
ア 箏　　イ 琵琶　　ウ 笙　　エ 尺八

□(2) この楽器で演奏される「六段の調」をつくったといわれ
ている人は誰ですか。漢字4文字で書きなさい。

(3) この楽器の説明として，正しいものには○，正しくないものには✕をつけなさい。

□① 奈良時代に中国から伝わってきた楽器で，その後日本独自の楽器として発展した。

□② 初めは雅楽で使われる楽器の1つだったが，江戸時代になって現在の箏曲が確立した。

□③ 左右の手のすべての指に爪をつけて，糸を弾きながら演奏する。

❶ 4点	(1)		(2)		(3)		
❷ 4点	(1)			(2)			
❸ 4点	(1)		(2)		(3)		
❹ 4点	(1)		(2)				
❺	①		②		③		
4点	④		⑤		⑥		
❻	(1)A 曲名：			作曲者：			
	B 曲名：			作曲者：			
	(2)A 4点	B 4点					
❼ 4点	(1)	(2)		(3)①	②	③	

53

解答 p.9

Step up! 作曲に挑戦！

ハ長調の３つの和音を使って，曲をつくろう！

STEP 1 音を選ぼう

●まずは，以下の３つのルールをよく読もう。

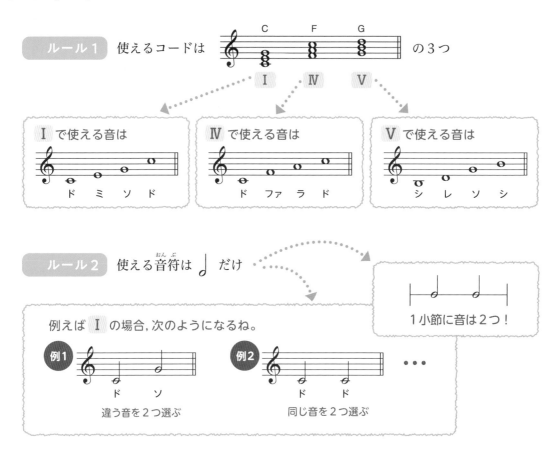

ルール1 使えるコードは C F G の３つ

I IV V

I で使える音は　ド ミ ソ ド

IV で使える音は　ド ファ ラ ド

V で使える音は　シ レ ソ シ

ルール2 使える音符は ♩ だけ

1小節に音は２つ！

例えば I の場合，次のようになるね。

例1　ド ソ　違う音を２つ選ぶ

例2　ド ド　同じ音を２つ選ぶ

・・・

ルール3 次のハ長調の和音の動きでつくる

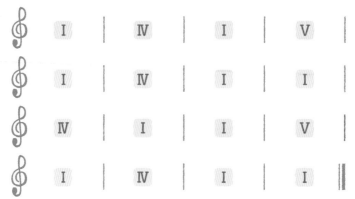

I	IV	I	V
I	IV	I	I
IV	I	I	V
I	IV	I	I

● さあ，つくってみよう！

1小節の中に，♩（2分音符）を2つずつ入れてね。

階名も書いてみよう

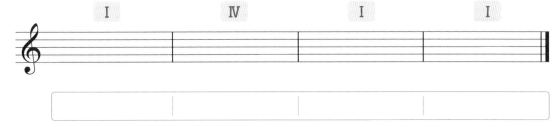

さあ，16小節の旋律ができたね。

ドレミで歌ったり，リコーダーやピアノで演奏したりしてみよう。どんな感じがするかな？

STEP 2　曲らしくしよう

●次のようにつくった曲を直してみよう。

> 2段目と3段目を
> 変えてみよう。

1 段目 → STEP 1 でつくった旋律をそのまま写そう。

2 段目 → ①2小節目まで，1段目と同じ音にしよう。

②3小節目は，同じ I だけど1段目と少し音を変えよう。

③4小節目の最後の音は，低い ド にしよう。

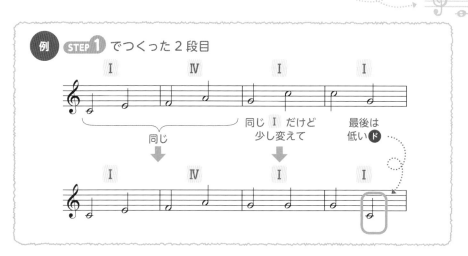

例 STEP 1 でつくった2段目

I　　IV　　I　　I

同じ　　同じ I だけど　最後は
　　　少し変えて　低い ド

I　　IV　　I　　I

3 段目 → 1・2段目と「ちょっと違う感じ」にしよう。

例1 上行の旋律を下行にしてみる。（下行の旋律を上行にしてみる）

上行　　　　　　下行

例2 今まででいちばん高い音を使ってみる。

I なら

例3 4小節目に向かって盛り上がるように少しずつ上行してみる。

4 段目 → 2段目と全部同じ音にしよう。

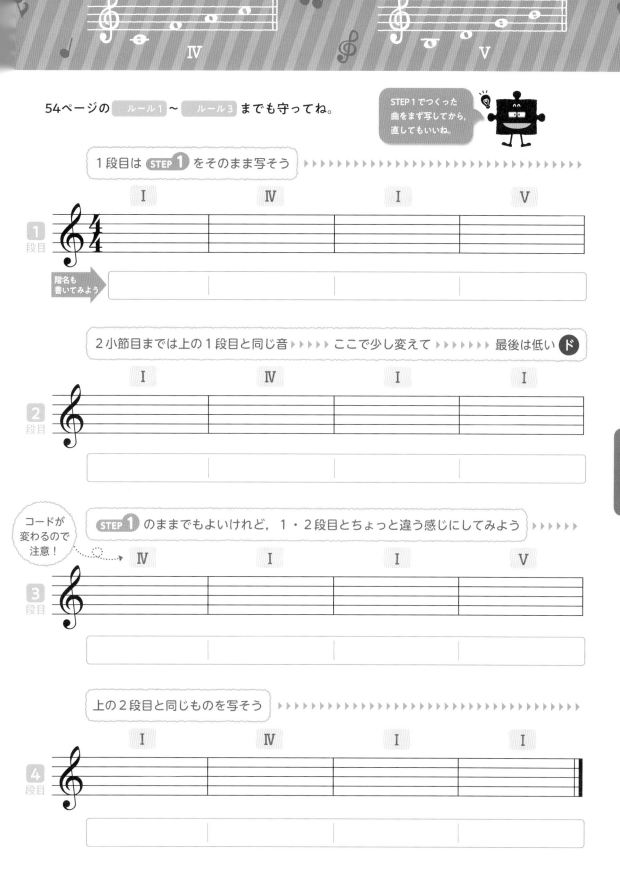

54ページの ルール1 ～ ルール3 までも守ってね。

STEP 1でつくった
曲をまず写してから,
直してもいいね。

1段目は STEP 1 をそのまま写そう ▶▶▶▶▶▶▶▶▶▶▶▶▶▶▶▶▶▶▶▶▶▶▶▶▶▶▶▶▶▶▶▶▶▶

1
段目

I   IV   I   V

階名も
書いてみよう

2小節目までは上の1段目と同じ音 ▶▶▶▶▶ ここで少し変えて ▶▶▶▶▶▶▶ 最後は低い ド

2
段目

I   IV   I   I

作曲に挑戦！

コードが
変わるので
注意！

STEP 1 のままでもよいけれど，1・2段目とちょっと違う感じにしてみよう ▶▶▶▶▶▶

3
段目

IV   I   I   V

上の2段目と同じものを写そう ▶▶▶▶▶▶▶▶▶▶▶▶▶▶▶▶▶▶▶▶▶▶▶▶▶▶▶▶▶▶▶▶▶▶▶▶

4
段目

I   IV   I   I

57

●できたかな？　だれかにハ長調の Ⅰ－Ⅳ－Ⅰ－Ⅴ…
の和音を伴奏してもらって，STEP 2 でつくった
旋律をいっしょに演奏してみよう。

音は響き合って
いるかな？

Grade up!　もっと音を増やしたくなったら…

●4分音符や8分音符も使ってみよう

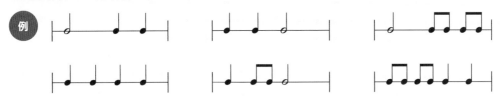

例

旋律づくりの コツ

■ 近い音に進むと

　…旋律がなめらかになって，落ち着いた感じになるよ。

「さくら」

さ　く　ら
ラ　ラ　シ　←近い音に進む

自分がつくった曲は
どうなっているかな？

■ 遠い音に進むと

　…曲に変化が生まれるよ。

↑いちばん高い音を使うなど，今までと変化をつける　　　　「主人は冷たい土の中に」（3段目）

遠い音

近い音

ド　レ　ミ　ファ　ソ　ラ　シ　ド

● 気になったところを直して，清書してみよう！

これでキミの曲が完成！

| I | IV | I | V |

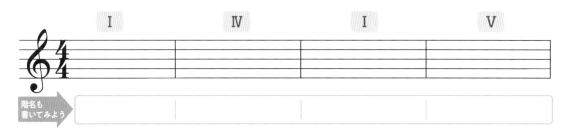

階名も
書いてみよう ▶

2小節目までは上の1段目と同じ音 ▶▶▶▶▶ ここで少し変えて ▶▶▶▶▶▶ 最後は低い ド

| I | IV | I | I |

作曲に挑戦！

1・2段目とちょっと違う感じにしてみよう ▶▶▶▶▶▶▶▶▶▶▶▶▶▶▶▶▶▶▶▶▶

| IV | I | I | V |

上の2段目と同じものを写そう ▶▶▶▶▶▶▶▶▶▶▶▶▶▶▶▶▶▶▶▶▶▶▶▶▶▶▶▶▶

| I | IV | I | I |

どうだったかな？ ルールを守れば，
まとまりのある曲がつくれるわよ。

夢の世界を

■赤シートを使って答えよう！

作詞者	芙龍明子 (ふりゅうあきこ)	作曲者	橋本祥路 (はしもとしょうじ)
調	 ハ 長調	拍子	8 分の 6 拍子 (びょうし)
速度	♪. =84~92	曲の形式	二部 形式（a−a’ b−b’）
合唱の形態	前半は全員で歌う 斉唱 (せいしょう) である。ユニゾンともいう。後半は女声二部・男声一部の混声 三部 合唱である。		

●記号・用語

1 リタルダンド：だんだん 遅く (おそく)

2 テヌート：その音の長さを じゅうぶんに保って

3 ア テンポ： もとの速さで

●（　）に歌詞を書こう！

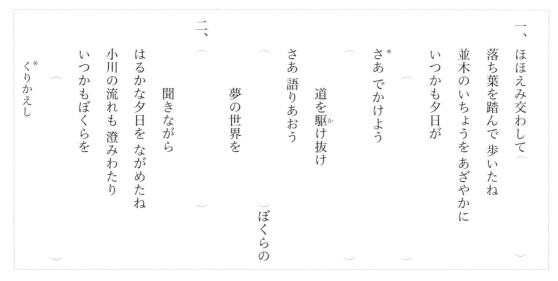

一、
ほほえみ交わして（　　）
落ち葉を踏んで 歩いたね
並木のいちょうを あざやかに
いつかも夕日が（　　）
*
さあ でかけよう
道を駆け抜け (か)
さあ 語りあおう
（　　）夢の世界を（　）ぼくらの（　　）

二、
（　　）
いつかもぼくらを
小川の流れも 澄みわたり
はるかな夕日を ながめたね
聞きながら（　　）
*
くりかえし

夢の世界を

□①この曲は何調ですか。　①

□②この曲は何分の何拍子ですか。　②

□③この曲の形式を答えなさい。　③

□④この曲の合唱形態を２つ答えなさい。　④

時間 15分 ／50点
合格 35点
解答 p.10

大切 ❶ 「夢の世界を」の A・B の楽譜(がくふ)を見て,あとの問いに答えなさい。

(1) 次の( )から正しいものを選び,記号で答えなさい。

この曲は□①(ア 4分の4 イ 8分の6)拍子で,大きな□②(ア 2 イ 3)拍子で歌っていきます。曲の出だしは *mf* で□③(ア 少し弱く イ 少し強く)始まりますが,後半は *f* になって□④(ア 盛り上がり イ 静かになり)ます。また,前半の□⑤(ア 斉唱 イ 独唱)から,後半は□⑥(ア 二部合唱 イ 混声三部合唱)になり,□⑦(ア リズム イ ハーモニー)にも厚みが出ます。

(2) この曲を指揮するときに適している指揮はア〜ウのどれですか。

ア イ ウ

 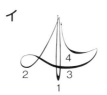 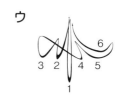

よく出る ❷ 「夢の世界を」で使われている記号について,( )に入るものを答えなさい。

記号	読み方	意味
rit.	リタルダンド	□(①)
a tempo	□(②)	□(③)
♩	□(④)	その音の□(⑤)をじゅうぶんに保って

□ ❸ 下の楽譜を演奏すると全部で何小節になりますか。

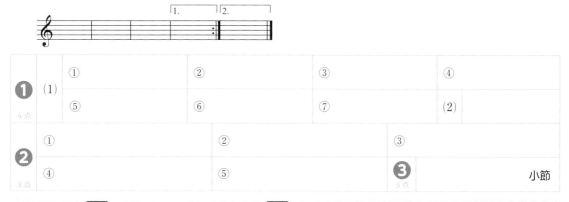

❶	(1)	①	②	③	④
4点		⑤	⑥	⑦	(2)

❷	①		②		③	
3点	④		⑤		❸ 3点	小節

翼をください

■赤シートを使って答えよう！

作詞者	山上路夫（やまがみみちお）	作曲者	村井邦彦（むらいくにひこ）
調	変ロ 長調	拍子	4 分の 4 拍子（びょうし）
速度	Moderato 　読み方： モデラート		
合唱の形態	全体は混声 三 部合唱だが，次のように変化する。…A斉唱（せいしょう）（全員で同じ旋律（せんりつ）を歌う： ユニゾン ともいう）→B混声 二 部合唱→C混声 三 部合唱		

●記号・用語

① モデラート： 中ぐらいの 速さで

② メッゾ フォルテ： 少し強く

③ 音符の名前： 3連符

④ タイ：隣（とな）り合った同じ高さの音符（おんぷ）をつなぎ， 1つの音に

⑤ ナチュラル： もとの高さで

●（ ）に歌詞を書こう！

一、
いま私の（ ）
かなうならば
（ ）
この背中に　鳥のように
＊
（ ）つけてください
（ ）翼を広げ
悲しみのない（ ）
飛んで行（ゆ）きたいよ
翼はためかせ　行（ゆ）きたい
（ ）

二、
いま富とか　名誉ならば
いらないけど
子どものとき　夢見たこと
いまも同じ
＊
くりかえし
（ ）

翼をください

問／4問　時間 **5**分　解答 p.11

□①この曲の速さを表す記号をアルファベットのつづりで書きなさい。

□②①の記号の読み方をカタカナで書きなさい。

□③①の記号の意味を書きなさい。

□④この曲の全体の合唱形態を答えなさい。

①
②
③
④

時間 15分 ／50点 合格 35点 解答 p.11

大切! **①** 「翼をください」で使われている記号について，（　）に入るものを答えなさい。

記号	読み方	意味
Moderato	モデラート	□（　　　①　　　）
mf	メッゾ　フォルテ	□（　　　②　　　）
f	□（　　③　　）	□（　　　④　　　）
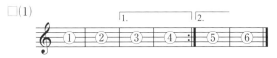	クレシェンド	□（　　　⑤　　　）
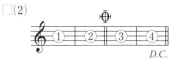	□（　　⑥　　）	隣り合った同じ高さの音符をつなぎ，1つの音に

② 次の楽譜の演奏順を番号で答えなさい。

□(1)

□(2)

点UP **③** 次の①〜⑧の文章が，下の A 〜 C のどの楽譜について説明しているか答えなさい。

□① 主旋律を男声パートが歌っている。　　□② 主旋律を全パートで歌っている。

□③ 女声は，主旋律を飾る旋律（オブリガート）を歌っている。

□④ 全員で同じ旋律を歌うユニゾンである。　　□⑤ 女声が2声部に分かれている。

□⑥ 斉唱である。　　□⑦ 混声二部合唱である。　　□⑧ 混声三部合唱である。

A いまー　わたしの

B 女声 ルルル　　男声 このー　せなかに

C 女声 このおおぞらにー　　男声

❶ 3点	①		②		③		
	④		⑤		⑥		
❷ 4点	(1)			(2)			
❸ 3点	①	②	③	④	⑤	⑥	⑦	⑧

夏の思い出

日本語の言葉の抑揚（よくよう）を生かして尾瀬の景色のようななだらかなせんりつがつくられました

■赤シートを使って答えよう！

作詞者	江間章子（えましょうこ）	作曲者	中田喜直（なかだよしなお）
	1913～2005（大正2～平成17）年		1923～2000（大正12～平成12）年
調	二 長調	拍子	4 分の 4 拍子（びょうし）
速度	♩=63ぐらい	曲の形式	二部 形式（a-a b-a'）

●記号・用語

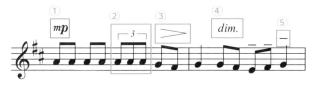

① mp ② 3 ③ ④ dim. ⑤

① メッゾ ピアノ： 少し弱く
② 名前： 3 連符
③ デクレシェンド： だんだん弱く
④ ディミヌエンド： だんだん弱く
⑤ テヌート：その音の長さを じゅうぶんに保って

●（ ）に歌詞を書こう！

一、
夏がくれば 思い出す
はるかな尾瀬（おぜ） （ ）
霧（きり）のなかに うかびくる
やさしい影（かげ） 野の小径（こみち）
水芭蕉（みずばしょう）の花が （ ）
夢みて咲（さ）いている 水の辺（ほと）り
石楠花色（しゃくなげいろ）に たそがれる
はるかな尾瀬 （ ）

二、
夏がくれば 思い出す
はるかな尾瀬 野の旅よ
花のなかに そよそよと
ゆれゆれる 浮（う）き島よ
水芭蕉の花が （ ）
夢みておっている 水の辺り
まなこつぶれば （ ）
はるかな尾瀬 （ ）

【言葉の意味】
*石楠花色（しゃくなげいろ）… 薄（うす）い紅色
*浮き島… 湿原や沼（ぬま）に浮いて、島のように見えるもの

夏の思い出

◆**曲について**

□①作詞者は誰ですか。

□②作曲者は誰ですか。

□③この曲は何調ですか。

□④この曲は何分の何拍子ですか。

□⑤この曲の形式を書きなさい。

◆**歌詞について**

□⑥「水芭蕉」はどう読みますか。ひらがなで答えなさい。

□⑦「石楠花」はどう読みますか。ひらがなで答えなさい。

◆**記号・用語**

□⑧ *mp* の読み方と意味を書きなさい。

□⑨ *dim.* の読み方と意味を書きなさい。

□⑩ ♩ の読み方と意味を書きなさい。

□⑪ の読み方と意味を書きなさい。

□⑫ この音符の呼び方を答えなさい。

①
②
③
④
⑤

⑥
⑦

⑧ 読み方
意味
⑨ 読み方
意味
⑩ 読み方
意味
⑪ 読み方
意味
⑫

●楽譜を書こう！　「夏の思い出」の 1・2 段目の旋律を書き写そう。

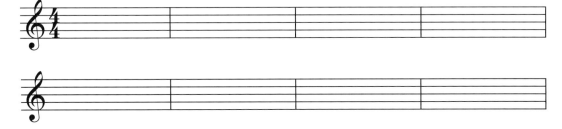

●気づいたこと

強弱記号も
書き入れよう。

夏の思い出

時間 30分	目標 70点	解答 p.11
／100点		

大切！ ❶ 「夏の思い出」について，次の（　）から正しいものを選び，記号で答えなさい。

▶ 作詞者は□①（ア　北原白秋（きたはらはくしゅう）　　イ　江間章子（えましょうこ））で，作曲者は□②（ア　中田喜直（なかだよしなお）

　　イ　山田耕筰（やまだこうさく））である。

▶ この曲の調号は 𝄞 で，主音が□③（ア 𝄞 　　イ 𝄞 ）の□④（ア　ニ長調

　　イ　ニ短調）である。

▶ この曲の拍子（ひょうし）は□⑤（ア　4分の2拍子　　イ　4分の4拍子）で，歌う速さは

　　□⑥（ア　♩=63　　イ　♩=120）ぐらいのゆったりした感じがよい。

▶ 歌われている場所は□⑦（ア　尾瀬（おぜ）　　イ　釧路（くしろ））で，□⑧（ア　群馬・福島・新潟

　　イ　群馬・長野・栃木）の3県にまたがる湿原地帯である。

▶ この曲は，| a−a |　| b−a' | という大きな2つのまとまりからなる□⑨（ア　一部形式

　　イ　二部形式）である。

よく出る ❷ 曲に出てくる記号について答えなさい。

> *dim.*

□□(1)　読み方と意味を答えなさい。

□(2)　同じ意味を表す記号をア・イから選びなさい。

　ア ＜　　イ ＞

点UP ❸ 歌詞に合うように，□□□ に入る正しいリズムをそれぞれア・イから選びなさい。

□(1)　　　　　なつがくれば　　　　ア ♩ 𝅘𝅥𝅮𝅘𝅥𝅮　イ ♪♪ ♪

□(2)　　　　　やさしいかげ　　　　ア ♪♩ 𝄽　イ ♩ ♩

□(3)　　　　　ゆめみて さいている　　　　ア 𝅘𝅥𝅮𝅘𝅥𝅮　イ ³⌐ ⌐

□(4)　　　　　ゆめみて におっている　　　　ア 𝅘𝅥𝅮𝅘𝅥𝅮𝅘𝅥𝅮　イ ³⌐ ⌐⌐

❹ 「夏の思い出」について，次の問いに答えなさい。

□(1)　「夏がくれば」の「が」は，鼻に抜けるように「んが」のように発音します。このような音のこ
とを何と言いますか。記号で答えなさい。
　ア　破裂音（はれつおん）　　イ　鼻濁音（びだくおん）

□(2)　日本語の歌では，語頭にある「が」以外の「夏が」や「やさしいかげ」などの「が行」の音は，
「んが」「んげ」のように発音するとよいとされています。その理由を次のア・イからを選びなさい。
　　ア　音の響（ひび）きが柔らかくなり，美しく聴こえるから
　　イ　言葉がはっきり聴こえて，歌詞の意味が伝わりやすいから

□(3)　鼻に抜けるように発音するとよい文字にすべて○をつけなさい。
　　なつがくれば　おもいだす　やさしいかげ　ののこみち　みずばしょうのはなが　さいている

❺ 歌詞の中に出てくる⑴⑵の花について，正しい写真をア～ウから選び，読み方をひらがなで答えなさい。

ア  イ ウ

□□⑴ 水芭蕉　　□□⑵ 石楠花

❻ 1番に「はるかなおぜ」という歌詞が2回出てきます。これについて答えなさい。

ア　はるかなおぜ　とおいそら

イ　A　B　はるかなおぜ　とおいそら

□⑴ 曲の最後に出てくる旋律はどちらですか。アかイで答えなさい。

□□□□⑵ イの楽譜にあるA，Bの記号の読み方と意味を書きなさい。

表現 □⑶ アとイの違いをできるだけ書き出しなさい。

表現 □⑷ アとイのそれぞれをどのように歌いたいか，楽譜にある記号を参考に自分の考えを書きなさい。

❼ 「夏の思い出」について述べた内容です。正しいものに〇，誤っているものに✕を書きなさい。

□⑴ 楽譜には強弱記号や演奏の指示がほとんどない。

□⑵ 楽譜には強弱記号や演奏の指示が多く，作者からのメッセージが感じられる。

□⑶ 音がすぐ隣の音に移ることが多く，旋律の動きはなめらかである。

□⑷ 音の上がり下がりが激しく，リズムもはずんで，はつらつとした印象の旋律である。

□⑸ 日本語の歌詞とリズムが一致しており，言葉の抑揚と旋律もよく合っている。

❶ 3点	①	②	③	④	⑤
	⑥	⑦	⑧	⑨	

❷ 3点	(1) 読み方		意味		(2)

❸ 3点	(1)		(2)	(3)	(4)

❹	(1)	(2)			
3点	(3) なつがくれば おもいだす　　やさしいかげ ののこみち　　みずばしょうのはなが さいている　　完答				

❺ 3点	(1) 記号	読み方	(2) 記号	読み方

❻	(1)	(2)A 読み方	意味	
	B 読み方		意味	
	(3)			
3点	(4)			

❼ 2点	(1)	(2)	(3)	(4)	(5)

成績評価の観点 表現 …音楽についての思考・判断・表現　表現 のマークがない問題は，全て音楽についての知識・技能の問題です。　67

■赤シートを使って答えよう！

作詞者	土井晩翠（ど い ばんすい） 1871 ～ 1952（明治 4 ～昭和 27）年	作曲者	滝 廉太郎（たき れん た ろう） 1879 ～ 1903（明治 12 ～ 36）年

調	🎼 ♯♯ [ロ] 短調	拍子	🎼 [4] 分の [4] 拍子（びょうし）	曲の形式	[二部] 形式 （a－a’ b－a’）

●記号・用語

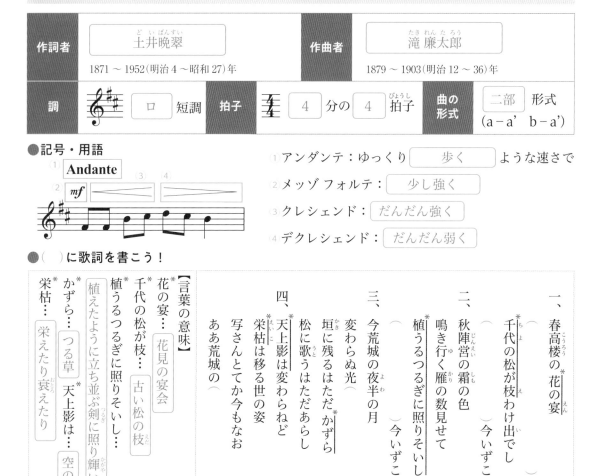

(1) **Andante**
(2) *mf* (3) < (4) >

① アンダンテ：ゆっくり [歩く] ような速さで

② メッゾ フォルテ：[少し強く]

③ クレシェンド：[だんだん強く]

④ デクレシェンド：[だんだん弱く]

●（　）に歌詞を書こう！

【言葉の意味】

花の宴…[花見の宴会]

千代の松が枝…[古い松の枝（えだ）]

植うるつるぎに照りそいし…[植えたように立ち並ぶ剣（つるぎ）に照り輝いた]

かずら…[つる草]

天上影は…[空の月の光は]

栄枯…[栄えたり衰（おとろ）えたり]

一、
春高楼（こうろう）の花の宴（えん）
千代（ち よ）の松が枝（え）わけ出でし
むかしの光今いずこ
（　　）影（かげ）さして

二、
秋陣営（じんえい）の霜（しも）の色
鳴き行く雁（かり）の数見せて
植うるつるぎに照りそいし
むかしの光今いずこ

三、
今荒城の夜半（よ わ）の月
変わらぬ光（　　）
垣（かき）に残るはただかずら
松に歌うはただあらし
天上影（えい）は変わらねど
栄枯（えい こ）は移る世の姿
写さんとてか今もなお
ああ荒城の（　　）

四、
変わらぬ光（　　）
垣（かき）に残るはただかずら
松に歌うはただあらし

□①作詞者・作曲者は誰ですか。

□②この曲の形式を書きなさい。

□③「花の宴」とはどういう意味ですか。

□④ *mf* の意味を書きなさい。

□⑤Andante は, どのような速さですか。

① 作詞
作曲
②
③
④
⑤

荒城の月

□ **❶** 作詞者が，この詩を書くときに思った２つの城は次のどれですか。記号で答えなさい。

　　　ア 小田原城と二条城　　**イ** 鶴ヶ城と青葉城　　**ウ** 姫路城と松本城

よく出る **❷** 次の言葉の意味を ⌐⌐⌐ から選び，記号で答えなさい。

　　□① 花の宴　　　　　□② 千代の松が枝　　　□③ 植うるつるぎ

　　□④ かずら　　　　　□⑤ 天上影は　　　　　□⑥ 栄枯

　　┌───┐
　　ア 古い松の枝　　　**イ** 空の月の光は　　　**ウ** 花見の宴会
　　エ 栄えたり衰えたり　　　**オ** 植えたように立ち並ぶ剣　　　**カ** つる草
　　└───┘

大切! **❸** この曲の形式について，表の①～④にあてはまるものを答えなさい。

	最後の感じ	a, a', bのどれか
1～2小節目	続く感じ	a
3～4小節目	終わる感じ	a'
5～6小節目	□（　①　）	□（　②　）
7～8小節目	□（　③　）	□（　④　）

「続く感じ」「終わる感じ」は最後の音に注目してね。

点UP **❹** 次のA，Bの楽譜(がくふ)を見て，あとの問いに答えなさい。

□(1) 滝 廉太郎が作曲した原曲はA，Bのどちらですか。

□(2) (1)で選ばなかったほうは，誰の補作編曲によるものですか。

□(3) A，Bでは１か所だけ音が違(ちが)うところがあります。Aの楽譜の違う音に印をつけなさい。

❶ 4点		**❷** 3点	①	②	③	④	⑤	⑥
❸ 4点	①	感じ	②		③	感じ	④	

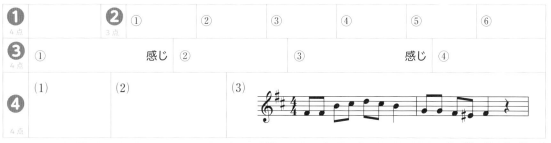

| **❹** | (1) | (2) | (3) |
| 4点 | | | |

成績評価の観点 **表現**…音楽についての思考・判断・表現　**表現** のマークがない問題は，全て音楽についての知識・技能の問題です。

フーガト短調

■赤シートを使って答えよう！

作曲者	ヨハンセバスチャン J．S．[バッハ] 1685 ～ 1750 年	出身国	[ドイツ] 都市：アイゼナハ
演奏形態	[パイプオルガン] の独奏	曲の形式	フーガ
音楽史上の 時代区分	[バロック]	日本の時代	えど 江戸時代

【鑑賞のポイント】

かんしょう

楽器について

この曲を演奏する大きな楽器は，縦に並んだ笛のような
[パイプ] に [空気] を送り込んで音を出す仕組みで
ある。1本のパイプは1音しか出せないので，多くのパ
イプを必要とする。鍵盤は，手以外に [足] も使っ
けんばん
て弾く。さらに [ストップ] を操作して鳴らすパイプを選
ひ
び，多彩な音色を得ることができる。

曲の形式

この曲は，[フーガ] という形式で書かれている。この形式は，
最初に第1声部が示す [主題] に応えるように，次の第2声部が [応答] を演奏し，こう
した関係が次々に繰り返され，最終的に [4] つの声部が複雑にからみ合って発展していく。
く

第1声部	♪ 主題
第2声部	♪ 応答
第3声部	♪ 主題
第4声部	♪ 応答

フーガト短調

問／9問　時間 **10**分　解答 p.12

◆**作曲者について**

□①作曲者は誰ですか。

□②作曲者の生まれた国はどこですか。

①
②

◆**曲について**

□③この曲の形式をカタカナ3文字で答えなさい。

□④<ruby>冒頭<rt>ぼうとう</rt></ruby>に現れ，曲全体で繰り返される<ruby>旋律<rt>せんりつ</rt></ruby>を
　　漢字2文字で何と言いますか。

□⑤この曲は何声部で構成されていますか。

③
④
⑤

◆**楽器について**

□⑥この曲を演奏する楽器は何ですか。

□⑦パイプに何を送って音が出ますか。

□⑧音色を変化させるために何を操作しますか。
　　カタカナ4文字で答えなさい。

□⑨手鍵盤の他に何鍵盤がありますか。

⑥
⑦
⑧
⑨

●**構成を確認しよう**

同じ旋律が，あとから追いかけてくる「かえるのうた」を，「輪唱」や「カノン」といったね。

「かえるのがっしょう」

最初に歌う人

かえるのうたが　｜　きこえてくるよ　…

追いかける人

かえるのうたが　…

フーガも，カノンと似たこの時代の音楽特有の形式よ。「フーガト短調」では，声部が次第に増えていき，旋律の調が変わったり，どんどん複雑にからみ合っていくところがききどころよ。

フーガト短調

時間 30分 ／100点　　目標 70点　　解答 p.12

大切! **①** 次の（　）にあてはまる言葉を，下の ┊┄┄┊ から選んで書きなさい。

▶作曲者の□（　①　）は，1685年に□（　②　）のアイゼナハで生まれた。各地の□（　③　）や宮廷（きゅうてい）で演奏したり，曲をつくったりした。生涯に□（　④　）曲以上残したといわれる。

▶「フーガト短調」は，□（　⑤　）の独奏曲である。□（　⑥　）という形式で書かれており，この作曲家が活躍（かつやく）した時代によく用いられた形式である。最初に提示された旋律（せんりつ）に応えるように，同じ旋律が別の声部によって繰り返され，次第に声部が□（　⑦　）いき，調を変えたり音の高さを変えたり，複雑にからみ合って曲が発展していく。「フーガト短調」は，□（　⑧　）の声部で構成されている。

┊┄┄┄┄┄┄┄┄┄┄┄┄┄┄┄┄┄┄┄┄┄┄┄┄┄┄┄┄┄┄┄┄┄┄┊
ベートーヴェン　　バッハ　　オーストリア　　ドイツ　　教会　　家庭　　200　　1000
ピアノ　　パイプオルガン　　ソナタ　　フーガ　　増えて　　減って　　3つ　　4つ
┊┄┄┄┄┄┄┄┄┄┄┄┄┄┄┄┄┄┄┄┄┄┄┄┄┄┄┄┄┄┄┄┄┄┄┊

② 「フーガト短調」で使われる楽器について答えなさい。

□□□(1)　A〜Cの名称を次から選びなさい。
【　手鍵盤（けんばん）　　足鍵盤　　ストップ　】

(2)　（　）にあてはまる言葉を，下の ┊┄┄┊ から選んで書きなさい。

この楽器は，パイプに□（　①　）を送り込んで音を出す仕組みである。1本のパイプに対応する音は□（　②　）であるため，必要なパイプの数がだんだん□（　③　）なり，楽器も大型化していった。手だけの鍵盤では足りず，□（　④　）も使って演奏するようになる。さらに多彩な音色を表現するため，□（　⑤　）という装置を手で操作する，非常に大がかりな楽器である。もともとはキリスト教の□（　⑥　）に用いられたため，□（　⑦　）に設置されたが，現在では大きなコンサートホールなどでも見ることができる。

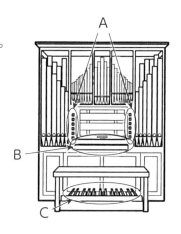

┊┄┄┄┄┄┄┄┄┄┄┄┄┄┄┄┄┄┄┄┄┄┄┄┄┄┄┄┄┄┄┄┄┄┄┊
電気　　空気　　水　　1つ　　2つ　　少なく　　多く　　足鍵盤　　別の人
ストップ　　スイッチ　　礼拝　　各家庭　　教会
┊┄┄┄┄┄┄┄┄┄┄┄┄┄┄┄┄┄┄┄┄┄┄┄┄┄┄┄┄┄┄┄┄┄┄┊

表現 □(3)　「フーガト短調」を演奏するにあたり，この楽器はどんな点が優れていると思うか，自分の考えを自由に書きなさい。

表現 □(4)　この楽器が音を出す仕組みについて，右の写真の楽器との共通点を述べなさい。

❸ 「フーガト短調」の形式について答えなさい。

(1) 次の楽譜_{がくふ}を見て答えなさい。

第1声部 …A
第2声部 …B
第3声部 …C
第4声部 …D

□ ① 第1声部が最初に提示するAの旋律を漢字2文字で何といいますか。

□ ② 第2声部が, 次に第1声部に応えて演奏するBの旋律を漢字2文字で何といいますか。

□ ③ Aの旋律と, 1オクターヴ違い_{ちが}で同じ旋律になっているのはどれですか。

□ ④ Bの旋律と, 1オクターヴ違いで同じ旋律になっているのはどれですか。

□ ⑤ A〜Dにかけて, 音の高さはだんだん高くなりますか, 低くなりますか。

点UP □□(2) この曲の形式の説明として正しいものを2つ選びなさい。

ア はじめに提示された旋律を, 次々と加わるほかの声部が繰り返して曲が発展していく。

イ 1つの声部が, 4種類の旋律を演奏し, ほかの声部はその伴奏をする。

ウ はじめに提示された旋律に対し, 次々と加わるほかの声部は別の旋律で応答する。

エ はじめに提示された旋律は, 音の高さを変えたり, 調を変えたり変化しながら演奏される。

フーガト短調

教科書2・3年上40〜42ページ

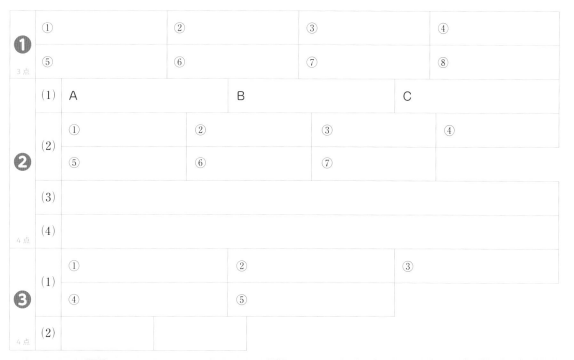

交響曲第5番 ハ短調

■赤シートを使って答えよう！

作曲者	L. v. ベートーヴェン 1770 ~ 1827 年	出身国	ドイツ 都市：ボン
演奏形態	オーケストラ （管弦楽）	曲の種類	交響曲
音楽史上の 時代区分	古典 派～ロマン派	日本の時代	江戸時代 後期 歌舞伎や箏曲などの全盛期

【鑑賞のポイント】

「運命」

ベートーヴェンが生涯に残した交響曲は9曲。そのうち，第 5 番目を日本では通称「運命」と呼んでいる。冒頭にある $\frac{2}{4}$ ♪♪♪ ― のような，旋律のもととなる最も小さなまとまりのことを 動機 といい，これが形を変えて曲中に何度も現れる。

交響曲

オーケストラ （管弦楽）によって演奏される大規模な楽曲のことを 交響曲 という。ハイドンやモーツァルトらがつくってきた形式を，大規模かつ確固たるものにしたのがベートーヴェンといわれる。

形式

交響曲の多くは 4 つの楽章をもち，そのうち第1, 4楽章は ソナタ形式 でつくられていることが多い。

🎼 **交響曲第5番**

第1楽章	▶▶ ソナタ 形式	提示 部 ── 第1主題
		── 第2主題
第2楽章	▶▶ 主題と変奏	展開 部
第3楽章	▶▶ 複合三部形式	再現 部
第4楽章	▶▶ ソナタ形式	コーダ （終結部）

交響曲第5番 ハ短調

問/8問　時間 **10**分　解答 p.13

◆**作曲者について**

□①作曲者は誰ですか。

①

□②作曲者の生まれた国はどこですか。

②

◆**曲について**

□③この曲は，日本語で何と呼ばれますか。
　　漢字2文字で答えなさい。

③

□④この曲は「○○曲」と呼ばれます。
　　○○の部分を漢字2文字で答えなさい。

④

⑤

□⑤この曲の演奏形態をカタカナで答えなさい。

⑥

□⑥この曲はいくつの楽章でできていますか。

⑦

□⑦第1・4楽章は，何という形式でつくられていますか。

⑧

□⑧全曲を通して展開される，旋律のもととなる最も小
　　さなまとまりを漢字2文字で何と言いますか。

ベートーヴェンの時代，フランス革命によって世の中が大きく変わりました

神に捧げる音楽　　　王侯貴族に捧げる音楽　　　民衆のための音楽

かつら　宮廷に通勤する正装　　フランス革命　　自毛

バッハ　　　ヴィヴァルディ　　　ベートーヴェン

音楽史上の時代区分　バロック　　　古典派　　　ロマン派

こうきょうきょく
交響曲第5番 ハ短調

時間 30分	合格 70点	解答 p.13
/100点		

大切! ❶ 次の（　）にあてはまる言葉を，下の ⬚⬚⬚ から選んで書きなさい。

▶作曲者の□（　①　）は，□（　②　）のボンに生まれ，その後，当時の音楽の中心都市であった□（　③　）へ移り住み，作曲活動をした。

▶作曲者は，オーケストラによって演奏される大規模な楽曲である□（　④　）を9曲残し，後
世に大きな影響を与えた。そのうち，第5番目は別名日本語で「□（　⑤　）」と呼ばれている。

▶作曲者は，晩年には□（　⑥　）をほとんど失ったが，困難を乗り越え，今なおひんぱんに演
奏される多くの作品を残した。

> モーツァルト　　ベートーヴェン　　ドイツ　　チェコ　　ウィーン　　ニューヨーク
> フーガ　　交響曲　　田園　　運命　　視力　　聴力（ちょうりょく）

❷ 次の写真を見て答えなさい。

□(1)　次のうち，「交響曲 第5番」と同じ演奏形態になっているものを1つ選び，記号で答えなさい。

ア

イ

ウ

□(2)　(1)で選んだ演奏形態は，何と呼ばれますか。カタカナで答えなさい。

❸ 「交響曲 第5番」の曲の冒頭（ぼうとう）で示される，下の音型について答えなさい。

□(1)　このような，旋律（せんりつ）のもととなる，最も小さなまとまりのことを漢字2文字で何といいますか。

□(2)　この音型についての説明で，正しいものを2つ選びなさい。

ア　冒頭で示されたあと，最後にもう一度だけ出てくる。

イ　1楽章にだけ出てくる。

ウ　全曲の中で，さまざまに形を変えて出てくる。

エ　全曲の中で，常に同じ形で出てくる。

オ　弦楽器（げん）のみで演奏される。

カ　さまざまな楽器によって演奏される。

④ ソナタ形式について，次の問いに答えなさい。

☐(1) 次の**A〜D**を，演奏される順に並べかえなさい。

A	B	C	D
再現部 主題がもう一度出てくる	コーダ 曲を締めくくる	提示部 主題が現れる	展開部 主題がさまざまな形で展開される

点UP ☐(2) この形式が出てくるのは，この曲の何楽章ですか。すべて答えなさい。

⑤ オーケストラで使われる楽器について答えなさい。

☐☐☐☐(1) **ア〜コ**の楽器について，木管楽器，金管楽器，打楽器，弦楽器のグループに分けて記号で答えなさい。

☐☐☐☐(2) **イ〜ケ**について，楽器名を答えなさい。
☐☐☐☐

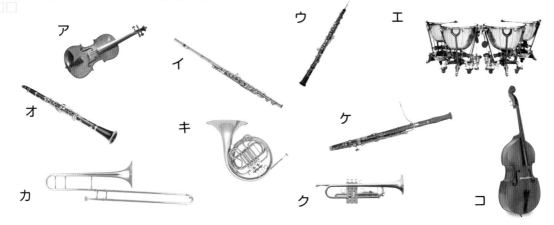

ア　イ　ウ　エ　オ　カ　キ　ク　ケ　コ

表現 ☐ **⑥** 「交響曲第5番」について，作曲者や演奏形態などの概要（がいよう）や，自分の感じたこと，ききどころ（しょうかい）などについて誰かに紹介する文を書きなさい。

❶ 4点	①		②		③	
	④		⑤		⑥	
❷ 3点	(1)		(2)			
❸ 4点	(1)		(2)			
❹ 3点	(1)	→ → → 完答		(2) 完答		

❺ 4点	(1)	木管楽器： 完答		金管楽器： 完答	
		打楽器： 完答		弦楽器： 完答	
	(2)	イ	ウ	エ	オ
		カ	キ	ク	ケ

❻ 4点	

成績評価の観点 **表現** …音楽についての思考・判断・表現　**表現** のマークがない問題は，全て音楽についての知識・技能の問題です。

「アイーダ」から

■赤シートを使って答えよう！

作曲者	ジュゼッペ G. ヴェルディ	1813 ～ 1901 年	出身国	イタリア
演奏形態	オペラ	（歌劇）	日本の時代	江戸後期～明治時代

【鑑賞のポイント】

あらすじ

物語の舞台となる国は古代の エジプト 。
対立する国 エチオピア との戦乱の中，
愛し合う男女の 悲劇 を描いている。

　　エチオピア王女のアイーダ
　　⇒ ソプラノ の歌手が歌う
　　エジプトの将軍ラダメス
　　⇒ テノール の歌手が歌う

みどころ・ききどころ

「アイーダ」は全 4 幕で上演時間
は４時間近くになる大作である。特に有名
なのは第２幕，第２場で エジプト 軍が勝
利を祝う場面で演奏される「 凱旋行進曲 」
である。華やかな トランペット の音色
が鳴り響き，大合唱が場面を盛り上げる。

「アイーダ」のためにつくられた
アイーダトランペット。ふつうの
トランペットの2.5倍の長さ。

音楽以外の要素

オペラは日本語で 歌劇 と呼ばれる。
音楽を中心として，文学や 演劇 ，
舞踊 ，美術などが融合したもので
総合芸術
と呼ばれる。

文学	演劇
音楽	
舞踊	美術

歌の形態

１人で歌う ⇒ アリア （独唱）

２人や３人など複数で歌う ⇒ 重唱

おおぜいで歌う ⇒ 合唱

上のようなさまざまな形態の歌で物語が
進行する。歌の伴奏をするのは，舞台手
前に設けられたオーケストラピットの中
で演奏する オーケストラ （管弦楽）。

「アイーダ」から

◆**作曲者について**

□①作曲者は誰ですか。

□②作曲者の生まれた国はどこですか。

①
②

◆**作品について**

□③歌を中心として，オーケストラを伴って上演される総合芸術をカタカナ3文字で何といいますか。

□④③の中で歌われる独唱のことをカタカナ3文字で何といいますか。

□⑤この作品は全部で何幕ですか。

□⑥第2幕で演奏される有名な行進曲の名前を答えなさい。

③
④
⑤
⑥

◆**あらすじについて**

□⑦物語の舞台となる国はどこですか。

□⑧エチオピア王女の名前を答えなさい。

□⑨⑧の王女を演じるのはソプラノ・メッゾソプラノ・テノール・バスのうちどの歌手ですか。

□⑩エジプト将軍の名前を答えなさい。

□⑪⑩の将軍を演じるのはソプラノ・メッゾソプラノ・テノール・バスのうちどの歌手ですか。

⑦
⑧
⑨
⑩
⑪

●**登場人物の相関関係** ☐に人名を入れて，人物の関係を整理しよう。

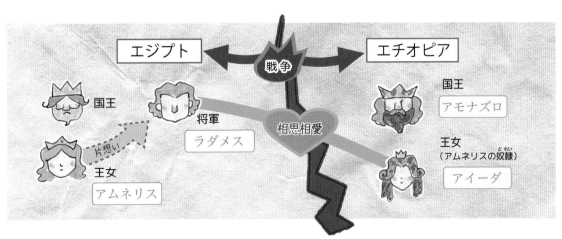

「アイーダ」から

大切！ **①** 次の（　）にあてはまる言葉を，下の ⬚ から選んで書きなさい。同じ言葉は１度しか使えません。

▶作曲者の□（　①　）は 1813 年，□（　②　）の北部の小さな村レ ロンコーレで生まれた。25 歳の頃に最初の□（　③　）を作曲し，その後「アイーダ」や「□（　④　）」など数々の名作を世に送り出した。

▶「アイーダ」は古代□（　⑤　）を舞台とした，戦争に巻き込まれた恋人たちの□（　⑥　）を描いた作品で，全□（　⑦　）幕からなる。

▶このような作品は，音楽以外の要素が多彩に融合されており，□（　⑧　）と呼ばれている。

▶作品中，歌い手の表現力やテクニックなど，きかせどころとなる独唱曲のことを，□（　⑨　）という。

> ヴィヴァルディ　ヴェルディ　イタリア　ドイツ　エジプト　ローマ
> オペラ　ミュージカル　運命　椿姫　悲劇　喜劇　２　４　６
> 総合芸術　総合音楽　アリア　コーダ

② 「アイーダ」のような舞台作品は，音楽以外に次のような要素も含まれています。(1)～(4)がイメージするものを，下の ⬚ から選んで書きなさい。

□(1) 　□(2) 　□(3) 　□(4)

> 舞踊　　文学　　演劇　　美術

よく出る **③** 作品の登場人物について，①～④に入る名前を ⬚ から選んで書きなさい。

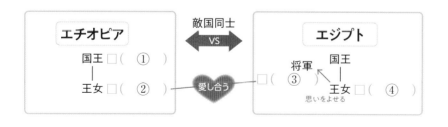

アイーダ
アモナズロ
アムネリス
ラダメス

④ 声楽における声の種類について，次の問いに答えなさい。

□□(1)　次の声の種類を，男声と女声に分けなさい。

> アルト　　ソプラノ　　テノール　　バス　　バリトン　　メッゾ ソプラノ

点UP □□(2)　登場人物のうち，アイーダとラダメスの声の種類を上の ⬚ から選んで答えなさい。

❺ 次の(1)～(3)の役割の人たちが演じたり演奏したりする場所は，図のＡ～Ｃのどこですか。

☐(1)　オーケストラ

☐(2)　指揮者

☐(3)　歌手

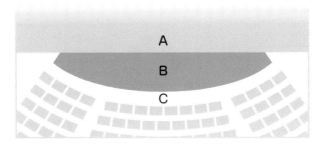

❻ 「アイーダ」の第２幕第２場について答えなさい。

☐(1)　第２幕第２場で演奏される，有名な行進曲の名前を答えなさい。

☐(2)　(1)の行進曲で，華やかに主旋律（せんりつ）を演奏する金管楽器の名前を答えなさい。

☐(3)　行進曲が演奏されるのは何を祝っている場面ですか。次から選んで記号で答えなさい。

　　　　ア　エジプト軍の勝利　　　**イ**　エチオピア軍の勝利　　　**ウ**　主人公２人の結婚

☐(4)　行進曲が演奏される場面では，独唱・重唱・合唱のうち，どの形態の歌が歌われますか。

☐(5)　行進曲のあと，歌唱のない，音楽にのせた身体表現（舞踊）が始まります。これは何と呼ばれますか。カタカナ３文字で答えなさい。

表現 ☐**❼**　┈┈内の言葉を参考に，「アイーダ」などオペラの見どころ・ききどころを紹介（しょうかい）する文を書きなさい。

> 物語　　登場人物　　声　　アリア　　オーケストラ
> 重唱　　合唱　　衣装（いしょう）　　舞台

❶	①	②	③
	④	⑤	⑥
3点	⑦	⑧	⑨

❷ 3点	(1)		(2)		(3)		(4)	

❸ 4点	①		②		③		④	

❹	(1)	男声			女声			完答
3点	(2)	アイーダ		ラダメス				完答

❺ 3点	(1)		(2)		(3)	

❻	(1)			(2)		
4点	(3)		(4)		(5)	

❼
4点

歌舞伎「勧進帳」

隈取

歌舞伎独特の化粧！

六方

歌舞伎独特の歩き方！弁慶の「飛び六法」が有名！

見得

歌舞伎のシャッターチャンス！

■赤シートを使って答えよう！

作者	三世　並木五瓶	作曲者	四世 杵屋六三郎
日本の時代	江戸	時代（「勧進帳」の初演は1840年）	

【鑑賞のポイント】

歌舞伎の3要素

歌 ＝ 音楽
舞 ＝ 舞踊
伎 ＝ 演技

音楽

歌舞伎「勧進帳」の伴奏音楽は 長唄 である。唄と 三味線 が一体となり，これに笛や打楽器による 囃子 が加わり，劇を盛り立てる。

あらすじ

兄・頼朝に追われた 義経 が，家来らと共に奥州の平泉へ逃れる途中， 安宅 の関で，関守の 富樫 や見張りたちに呼び止められ，捕らえられそうになるが， 弁慶 がにせの 勧進帳 を読み上げ，義経を杖で打つなどの機転で無事逃げ延びる。

歌舞伎「勧進帳」四代目市川段四郎：武蔵坊弁慶▲
（国立劇場蔵）

舞

歌舞伎「勧進帳」は役者の舞も見どころ。関所を無事通過したあとに弁慶が舞う 延年の舞 が有名。

歌舞伎「勧進帳」

①ヒントは「歌」「舞」「伎」の3文字だね。

◆歌舞伎について

□①歌舞伎の3要素を，漢字2文字ずつで3つ答えなさい。

□②歌舞伎が庶民の娯楽として成立・発展したのは日本の
　何時代ですか。

□③歌舞伎独特の化粧法を漢字2文字で何と呼びますか。

□④役者が花道を退場するときなど，歌舞伎独特の歩き方
　をする芸を何と呼びますか。

□⑤役者が動きを止めてぐっと目を中心に寄せるなど，
　ポーズを決める演技を漢字2文字で何と呼びますか。

①	
②	
③	
④	
⑤	

◆音楽について

□⑥「勧進帳」の音楽を作曲した人は誰ですか。

□⑦「勧進帳」で使われる三味線音楽を漢字2文字で何と
　呼びますか。

□⑧歌舞伎での，太鼓，大鼓，小鼓，笛などによる演奏を，
　漢字2文字で何と呼びますか。（ひらがなでもよい）

⑥	
⑦	
⑧	

◆「勧進帳」について

□⑨兄の頼朝と不仲になり，追われているのは誰ですか。

□⑩関所で待ち受けている関守は誰ですか。

□⑪関所で，にせの「勧進帳」を読み上げるのは誰ですか。

□⑫関所を通過したあとに披露されるのは，何という舞
　ですか。

⑨	
⑩	
⑪	
⑫	

歌舞伎の始まりは、京都で出雲のお国が興行した「かぶき踊」だといわれているよ。

▲阿国像(京都四条河原)

歌舞伎「勧進帳」

時間 30分　／100点　合格 70点　解答 p.15

大切! ❶ **次の（　）にあてはまる言葉を，下の◻◻から選んで書きなさい。**

▶歌舞伎は，◻（　①　）時代に庶民の娯楽として成立・発展したもので，音楽以外に◻（　②　）
の要素が加わった日本の総合芸術である。1603年に京都で出雲のお国が踊った◻（　③　）
が起源といわれる。

▶「勧進帳」の音楽をつくったのは四世◻（　④　）である。

▶勧進帳とは，◻（　⑤　）などを建てるために必要な，◻（　⑥　）を集めるための趣旨が書か
れた巻物のことである。

> 平安　　江戸（えど）　　舞踊や演技（ぶよう）　　かぶき踊（おどり）　　八橋検校（やつはしけんぎょう）
> 杵屋六三郎（きねやろくさぶろう）　　寺　　関所　　寄付金　　税金

❷ **次の(1)～(3)は歌舞伎独特のものです。何と呼ぶかを右の◻◻から選びなさい。
また，その内容について説明した文を下のア～エから選びなさい。**

◻◻(1)　　　◻◻(2)　　　◻◻(3)　

> 六方（ろっぽう）
> 見得（みえ）
> 隈取（くまどり）

ア　役者が一瞬動きを止め，山場の絵姿を観客に見せること。

イ　花道（はなみち）を通って退場するときなどの独特の歩き方。「勧進帳」では片足3歩ずつ飛ぶ
　　ような演技になる。

ウ　顔の造作（こちょう）を誇張して描く化粧（けしょう）。色遣いや形で役柄や性格も表している。

エ　化粧がほどこされた面（おもて）。完成したものを付けるだけになっている。

点UP ❸ **歌舞伎の舞台について，次の(1)～(4)が図のA～Dのどれか，またその名前を◻◻
から選んで答えなさい。**

◻◻(1)　舞台と客席をつなぐ場所。役者の入退場にも使
　　　　われ，ここでする演技は役者の見せ場の一つ。

◻◻(2)　この中に奏者が入り，効果音を演奏する。

◻◻(3)　セットを乗せたまま回転し，劇の場面転換をする。

◻◻(4)　役者やセットが乗ったまま上下するため，舞台下
　　　　から突然現れるような演出ができる。

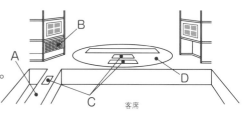

> せり・すっぽん　　花道　　廻り舞台（まわり）　　黒御簾（くろみす）

❹ 歌舞伎「勧進帳」の伴奏音楽である長唄（ながうた）について答えなさい。

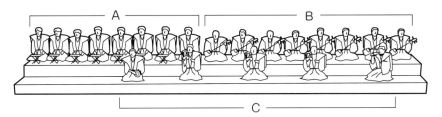

｜───A───｜　　　　　　　　　｜───B───｜
｜──────────C──────────｜

┌─────────────┐
│ 箏（こと）　三味線（しゃみせん） │
│ 尺八（しゃくはち）　囃子（はやし）　唄 │
└─────────────┘

□(1)　長唄の中心となるものを，右の□□から２つ選びなさい。

□□□(2)　上の写真のA〜Cが担当するものを，右の□□からそれぞれ選びなさい。

□(3)　長唄は，西洋のオペラにおける何の役割をしていると考えられますか。下の□□から選びなさい。

┌──────────────────────┐
│ ピアノ伴奏　　指揮者　　オーケストラ │
└──────────────────────┘

よく出る ❺ 「勧進帳」のあらすじです。（　）にあてはまる言葉を，下の□□から選んで書きなさい。

　兄と不仲になった□（　①　）は，変装して，家来たちと奥州（おうしゅう）の□（　②　）へ落ち延びようとする。途中の□（　③　）の関所では，関守（せきもり）の□（　④　）が彼らを疑い，勧進帳を読み上げるよう命じる。□（　⑤　）がにせの勧進帳を読み上げてその場を切り抜けるが，今度は関所の番卒にも疑われたため，（⑤）は主君である（①）を打ちつけて疑いをはらす。その様子を見た（④）は（⑤）の主君を思う心に打たれ，一行を通し，酒をふるまう。（⑤）は，礼として「□（　⑥　）」を披露する一方，主君らには先を急がせる。すぐにあとを追い，□（　⑦　）から退場していく。

┌──────────────────────────────────────┐
│ 平泉（ひらいずみ）　延年の舞（えんねんのまい）　義経（よしつね）　安宅（あたか）　富樫（とがし）　花道　弁慶（べんけい） │
└──────────────────────────────────────┘

❶ 4点	①		②		③	
	④		⑤		⑥	

❷ 4点	(1)	記号：	(2)	記号：	(3)	記号：

❸ 2点	(1) 記号：	名前：	(2) 記号：	名前：
	(3) 記号：	名前：	(4) 記号：	名前：

❹ 3点	(1) 完答	(2)A	B	C
	(3)			

❺ 3点	①	②	③	④
	⑤	⑥	⑦	

成績評価の観点　[表現]…音楽についての思考・判断・表現　[表現]のマークがない問題は，全て音楽についての知識・技能の問題です。

文楽（人形浄瑠璃）

むかし、物語にふしをつけ、三味線のばんそうで語るようになりました。これを「浄瑠璃」といいます。

そこに人形を登場させたのが「人形浄瑠璃」

当時 人形浄瑠璃を盛んに上演した「文楽座」という芝居小屋の名にちなんで「文楽」と呼ぶようになりました。

■赤シートを使って答えよう！

文楽の別名	人形浄瑠璃	発祥地	大坂 （現在の大阪）
日本の時代	江戸 時代（「新版歌祭文」の初演は 1780 年）		
音楽	義太夫 節　伴奏楽器：　三味線		

【鑑賞のポイント】

文楽の3要素

歌うように語るのは 太夫 ！

語りと一体になって演奏する楽器は 三味線 ！

演じるのは 人形 ！

語り

物語を進めるのは 義太夫節 という独特の節をつけた語り。 竹本義太夫 （1651-1714）が始めたためこの名が付いた。語りの台本は 床本 と呼ばれる。

人形遣い

主要な役では、1体の人形につき 3人 が顔、手足などを手分けして遣う。

三味線

野太く謡う義太夫節に負けない低音が出せる 太棹 の三味線が使われる。長唄に使われるのは、 細棹 の三味線。

文楽（人形浄瑠璃）

◆文楽について

□①文楽が町民文化として花開いたのは，
　　日本の何時代ですか。

□②文楽が生まれた地は，現在の都道府県のどこですか。

□③文楽の舞台で物語を演じるのは，人間ではなく何ですか。

□④③は，主要な役では1体につき何人で遣いますか。

①
②
③
④

◆音楽について

□⑤文楽で，物語を語る人を何と呼びますか。

□⑥語りの内容が書かれた台本を何といいますか。

□⑦語りの伴奏に使われる楽器は何ですか。

□⑧⑦の楽器は，太棹・細棹のどちらが使われますか。

□⑨語りと伴奏が一体となった文楽の音楽は，
　　何節と呼ばれますか。

□⑩⑨を始めた人は誰ですか。

⑤
⑥
⑦
⑧
⑨
⑩

●文楽の舞台について知ろう！

人形の動きを効果的に見せるため，工夫（くふう）がこらされた独特の舞台となっています。

手摺（てすり）　これがあることで，客席からは人形の足が地面についているように見える。

床

太夫と三味線は，ここに座って演奏する。

船底（ふなぞこ）　客の目線と人形の位置が同じ高さになるように，少し低くなっている。

文楽（人形浄瑠璃）

大切！ **❶** 次の（　）にあてはまる言葉を，下の▢▢▢から選んで書きなさい。

▶文楽は，別名▢（　①　）ともいう。もともと，物語に節をつけて三味線とともに聴かせる芸能を，古くから▢（　②　）と呼んでおり，それに人形による劇が加わり，（①）が生まれた。

▶文楽は，▢（　③　）時代に大坂（現在の▢（　④　））で町民の娯楽として発展した人形芝居である。

▶人形のセリフや情景描写などを語る人を▢（　⑤　）と呼び，（⑤）が▢（　⑥　）の伴奏で，▢（　⑦　）節を歌うように語る。（⑦）節は，大坂の▢（　⑧　）（1651-1714）が始めたのでこの名が付いた。（⑤）が使う台本のことを▢（　⑨　）という。伴奏する（⑥）は，（⑤）の大きな地声に負けぬよう，低音が豊かな▢（　⑩　）が使われる。

人形歌舞伎　　人形浄瑠璃　　歌舞伎　　浄瑠璃　　江戸　　明治　　東京　　大阪
太夫　　太郎　　三味線　　囃子　　義太夫　　長唄　　竹本義太夫　　近松門左衛門
床本　　　　隈取　　　　細棹三味線　　　　太棹三味線

---

❷ 右の写真を見て答えなさい。

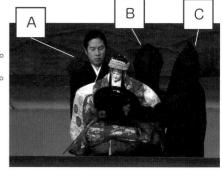

▢(1)　文楽では，主要な役では1体の人形を何人で遣いますか。

▢(2)　Aの人が担当するのは，人形の体のどことどこですか。下の▢から2つ選んで答えなさい。

▢(3)　BとCの人が担当するのは，人形の体のどことどこですか。下の▢から2つ選んで答えなさい。

▢(4)　Aの人を何と呼ぶか，下の▢▢▢から選びなさい。

かしら　　右手　　左手　　足

主遣い　　左遣い　　足遣い

よく出る **❸** 右の写真を見て答えなさい。

▢(1)　Aの人物を何と呼びますか。漢字2文字で答えなさい。

▢(2)　Bの人が演奏している楽器は何ですか。

▢(3)　二人が一体となり演奏している音楽は，何節といわれるものですか。

▢(4)　日本では，右の写真の楽器を用いて昔から物語が語られてきました。それは何という名前の芸能ですか。漢字3文字で答えなさい。（ひらがなで書いてもよい）

❹ 文楽について，正しいものは〇，誤っているものは×をつけなさい。

- □(1) 文楽では，人間が衣装を着けて舞台で演じる。
- □(2) 文楽は，主に宮廷などで儀式に使われた伝統芸能である。
- □(3) 語りをする人は，一人で何人もの役柄を語り分ける。
- □(4) 文楽では，人形遣いがセリフを語り，物語を進める。
- □(5) 文楽は，人間の情を描いた身近な題材を扱い，庶民に人気の娯楽となった。

点UP ❺ 文楽の舞台を横から見た図です。これを見て答えなさい。

(1) 次の①・②が図のA～Cのどれか，またその名前を┊┈┈┊から選んで答えなさい。

- □□① 人形の足が地面や床に面しているように見せるための横長の板。
- □□② 人形遣いが差し上げる人形の位置を客の目線と合わせるために，舞台から一段低くなっている部分。

- □(2) あの位置は，客席から見て人形の頭・足のどちらの高さになりますか。

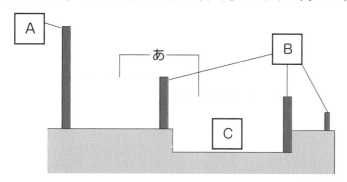

客席

船底
床
屋体
手摺

表現 □ ❻ 文楽について，歌舞伎と違うところをできるだけ書き出しなさい。

❶ 4点	①	②	③	④
	⑤	⑥	⑦	⑧
	⑨	⑩		

❷ 3点	(1)		(2) 完答
	(3) 完答		(4)

❸ 3点	(1)	(2)	(3)	(4)

❹ 3点	(1)	(2)	(3)	(4)	(5)

❺ 3点	(1)① 記号：	名前：	②記号：	名前：
	(2)			

❻ 6点	

成績評価の観点 表現 …音楽についての思考・判断・表現　表現 のマークがない問題は，全て音楽についての知識・技能の問題です。　89

合唱のたのしみ

■赤シートを使って答えよう！

● **よい発声のために**

呼吸

・肩や胸に力を入れずに，素早く息を 吸う 。

・ゆっくりむらなく息を 吐く 。

・腰まわりや おなか ，背中の筋肉を使って，腹式呼吸をする。

姿勢

・ 上 半身の力を抜き，バランスのよい姿勢を心がける。

・両足を軽く 開いて 立ち， 下 半身を安定させる。

響き

・ 頭 の上に向かって声が出るようなイメージで響かせる。

・眉や頬骨を 上げ て，眉の間に響きが集まるように意識する。

【変声期に気を付けたいこと】

中学生ぐらいの時期には，声が低くなる「変声期」を迎え，特に男子は声が1オクターヴほど 低く なります。この時期は，無理な発声をせず，自分が出しやすい音域を歌うことが大切です。

● **合唱に取り組むときには**

①自分がどこのパートを歌うのかをまず確認しましょう。

形態	パート名	内容
混声三部 合唱	ソプラノ	女声の高い音を歌うパート
	アルト	女声の低い音を歌うパート
	男声	男声は同じ1つのパートを歌う
混声四部 合唱	ソプラノ	女声の高い音を歌うパート
	アルト	女声の低い音を歌うパート
	テノール	男声の高い音を歌うパート
	バス	男声の低い音を歌うパート

②歌い方を工夫するとき，◯から大切にするとよいものを選びましょう。

・みんなで同じ旋律を歌う場合 … 音程 ・ 声量 をそろえる。

・ハーモニーをつくる場合 …お互いの 発音 ・ 響き を聴き合って重ねる。

・歌詞のない「Ah」や「Lu」などで飾る場合 … 主旋律 ・ ピアノ のパートを意識して， 音量 ・ 拍 に気を付ける。

歌詞の意味や，旋律の盛り上がりを理解し，どのような表現をしたいか，みんなで確認しよう。

●練習方法を工夫してみよう

パート練習で,それぞれの音やリズムを確認。	合わないところは,その部分だけ繰り返し練習。	並び方を変えるとお互いの声がよくきこえます。

ぴたトレ **2** 練習　　合唱のたのしみ　　　　問／13問　　時間 **10**分　　解答 p.16

◆発声について,（　）にあてはまる言葉を,下から選んで書きましょう。

□①少し足を開いて立ち,（　　）を安定させる。

□②（　　）の力を抜いて,バランスよく立つ。

□③むらのないように（　　）息を吐く。

□④（　　）や背中の筋肉を使って腹式呼吸をする。

□⑤（　　）から声を出すイメージで響かせる。

①
②
③
④
⑤

上半身　　下半身　　勢いよく　　ゆっくりと　　おなか　　胸　　のどの下　　頭の上

◆合唱の形式について答えましょう。

□⑥女声の高いパートを何といいますか。

□⑦女声の低いパートを何といいますか。

□⑧男声の高いパートを何といいますか。

□⑨男声の低いパートを何といいますか。

□⑩混声三部合唱のパートをすべて書きなさい。

⑥
⑦
⑧
⑨
⑩

◆合唱の取り組み方として,適切なものには〇,適切ではないものに✕をつけましょう。

□⑪自分のパートの音をしっかりと確認したうえで,それぞれの
　役割を理解し,まわりとの響きを合わせながら練習する。

□⑫歌声が出づらい時期の人も,声が出るようになるまであきら
　めずに大きな声で何度も練習する。

□⑬曲や歌詞のイメージは一人一人違ったほうが迫力が出るので,
　みんなで確認し合う必要はない。

⑪
⑫
⑬

合唱のたのしみ

合唱のたのしみ

大切! ❶ 歌うときの注意について（ ）にあてはまる言葉を，下の┈┈から選んで書きなさい。

▶ □（ ① ）半身を安定させるために，□（ ② ）を軽く開いて立つとよい。また，□（ ③ ）半身の力を抜き，バランスのよい姿勢を保つことを心がける。

▶ □（ ④ ）や胸に力を入れずに息を吸い，ゆっくり□（ ⑤ ）息を吐く。□（ ⑥ ）や背中の筋肉をしっかり使って腹式呼吸をする。また，□（ ⑦ ）の上に向かって声が出るようなイメージで声を響かせるとよい。

▶ 小学校高学年から中学生ぐらいの時期には声帯が長くなり，特に男子は声が1オクターヴぐらい□（ ⑧ ）なる。このような時期のことを，□（ ⑨ ）という。この時期には，□（ ⑩ ）音域を歌うことが大切である。

> 上　下　足　手　首　肩　むらなく　すばやく
> 胸　おなか　頭　口　耳　低く　高く
> 変声期　高声期　歌いやすい　歌いにくい

よく出る ❷ 次の図のような構成の合唱形態を何といいますか。┈┈から選んで書きなさい。

□(1)

□(2)

□(3)

> 混声三部合唱　混声四部合唱
> 女声三部合唱　男声三部合唱

❸ 合唱に取り組むときの注意点として，適切なものには○，適切ではないものには×を書きなさい。

□(1)　自分の歌う部分の音やリズムを確認するために，パートごとの練習をする。

□(2)　それぞれのパートの音がはっきり聴こえるように，つねに大きな声で歌う。

□(3)　歌詞の意味や，旋律の盛り上がりなどの表現について，みんなで確認しあう。

□(4)　いつでも本番のときのような並び方で練習する。

□(5)　他の人の声と響きを合わせるために，小さめの声で歌う。

❹ 次の「飛び出そう 未来へ」の中間部分からの楽譜を見て答えなさい。

(1) ①～④の部分についての説明としてあてはまるものを**ア～エ**から選び，記号で答えなさい。

ア それぞれのパートが重なりあって，ハーモニーをつくっている。

イ オクターヴで同じ旋律を歌っている。

ウ 1つのパートが主旋律を歌い，他のパートは歌詞のない旋律を重ねている。

エ パート同士が掛け合うようにして歌っている。

(2) ②の部分の練習のしかたとしてふさわしいものを**ア～ウ**から1つ選び，記号で答えなさい。

ア 小さめの声で何度も歌い，お互いの響きを聴き合う練習をする。

イ パートごとの個性が出るように，一人一人が大きな声を出す練習をする。

ウ きれいに音が合うように，音程とリズムを正確にとる練習をする。

表現 (3) ④の部分について，どのようなことに気を付けて歌いたいですか。自由に書きなさい。

合唱のたのしみ

成績評価の観点 表現 …音楽についての思考・判断・表現　表現 のマークがない問題は，全て音楽についての知識・技能の問題です。　93

音符のトレーニング②

解答 p.16

次は付点のつく音符に挑戦しましょう！

付点がつくとどうなるのかな～。

音符に「・（付点）」がつくと…

長さ … 元の音符の長さの **1.5倍** になる。
（元の音符の半分の長さを付け足す）

♩ ≒ ▨　　♩. ≒ ▨▨

名前 … 元の音名の前に「付点」を加える。

4分音符 ➡ 付点 4分音符　＼かんたん！／

●付点のついた音符を3回ずつ書こう。

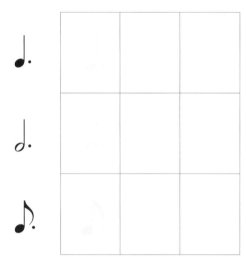

つまり，こういうことだね。

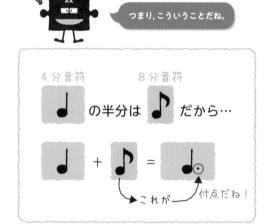

4分音符　　　　8分音符

♩ の半分は ♪ だから…

♩ ＋ ♪ ＝ ♩⊙

└ これが ┘　付点だね！

---

❶ それぞれの音符の名前を書こう。

（例） ♩ （　　　2分音符　　　）　　□(1) ♩. （　　　　　　　　　）

□(2) ♩ （　　　　　　　　　）　　□(3) ♩. （　　　　　　　　　）

□(4) ♪ （　　　　　　　　　）　　□(5) ♪. （　　　　　　　　　）

□(6) ♬ （　　　　　　　　　）　　□(7) ♬. （　　　　　　　　　）

❷ それぞれの半分の長さの音符を，下の ⬚ から選んで書こう。

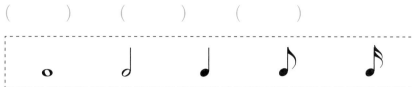

□(1) ♩　　　　□(2) ♩　　　　□(3) ♪

　（　　　　）　　　（　　　　）　　　（　　　　）

❸ （　　）に入る音符を，下の ⬚ から選んで書こう。

□(1) ♩ + ♩ = （　　　　）　　　□(2) ♩ + ♩ = （　　　　）

□(3) ♪ + ♪ = （　　　　）　　　□(4) ♬ + ♬ = （　　　　）

❹ （　　）に入る音符を，下の ⬚ から選んで書こう。

□(1) ♩ + ♪ = （　　　　）　　　□(2) ♩ + ♩ = （　　　　）

□(3) ♪ + ♬ = （　　　　）

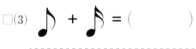

❺ （　　）に入る音符を，下の ⬚ から選んで書こう。

□(1) ♩ + （　　　　） = ♩.　　　□(2) （　　　　）+ ♩ = ♩.

□(3) ♪ + （　　　　） = ♪.

♩ =100

↑
よく 楽譜(がくふ)の最初に
ついている これ. 何?
♩ が100個ってこと〜?

いいえ これは

1分間に ♩ を
100打つ速さ

ってことよ!

「その曲をこの速さで
演奏してください」
っていう表示なの。

でも… 　　アルファベットで

アレグロ
Allegro

モデラート
Moderato

↑
こんなのもあるよね。

そうね、ではそのちがい
について 説明しましょう。

どう
ちがうの〜?

♩ =100 のように速さを
数字で表示できるように
なったのは
この道具が
発明されて
からなの。

メトロノーム

それまでは
「速く」ならAllegro
「中ぐらい」ならModerato
のように だいたいで
表していたのよ。

けっこう
テキトー
だったんだ

ベートーヴェンの頃にメトロノームが発明されて初めて正確に速さを指定できるようになったのよ。

なるほど

ただ、ある程度 演奏者に任せたいというときには今でも Allegro（速く）のように「だいたい」で示すことがあるわ。

♩ = 84〜92 とか

幅をもたせているときもあったり…

Moderato ♩= 84ぐらい

のように 両方書いてあることもあるね。

そう. Moderato などの用語は「こんな気持ちで」といった意味合いでも使われるの。

速度表示には 作曲者の意図が書かれているのでそれを目安に表現してね！

はーい

□ ❶ 次の速度表示を，遅いものから速いものの順に，記号で並べよう。

ア ♩=100　**イ** ♩=60　**ウ** ♩=63~84　**エ** ♩=112

遅い（　　　　→　　　　→　　　　→　　　　）速い

□ ❷ 次の速度用語・読み方・意味を正しく線でつなごう。

Allegro ●	● モデラート ●	● 速く
Andante ●	● アンダンテ ●	● 中ぐらいの速さで
Moderato ●	● アダージョ ●	● 緩やかに
Adagio ●	● アレグロ ●	● ゆっくり歩くような速さで

時間 30分 ／100点 目標 70点 解答 p.17

❶ 次の問いに答えなさい。

(1) 次の①～③の説明に合う作品名を，下の▭から選んで書きなさい。

□① 4つの楽章からなり，管弦楽(オーケストラ)によって演奏される。冒頭の印象的な動機により，日本では「運命」の名でも親しまれている。

□② ソリストや合唱による歌と，管弦楽の伴奏によって上演される総合芸術。古代エジプトを舞台に，エチオピア王女とエジプトの将軍との悲劇が描かれている。

□③ 最初の主題を追いかけるような旋律が重なり，最終的には4つの声部が複雑に重なり合っていく独奏曲。会場全体に響く大きな楽器で演奏される。

> 魔王　　フーガト短調　　交響曲第5番 ハ短調　　勧進帳　　アイーダ

□□□ (2) ①～③の作品の作曲家と，生まれた国をそれぞれ書きなさい。

□ (3) ②のような形式の総合芸術を何といいますか。カタカナ3文字で書きなさい。

□ (4) ③を演奏する楽器の名前を書き，その写真をア～ウから1つ選んで記号で書きなさい。

ア 　　イ 　　ウ

❷ 次の A ・ B の楽譜について，あとの問いに答えなさい。

A ほ ほ え み　かわ して　か た　り あ い　ー

B 女声 さ　あ　で かけ よ う　ー

男声

□□ (1) それぞれの合唱の形態を，下の▭から選んで書きなさい。

> 斉唱　　独唱　　混声二部合唱　　混声三部合唱

□ (2) より強く歌うのは，A の部分と B の部分のどちらですか。

(3) この曲の拍子について，次の文章の（　）にあてはまる数字を書きなさい。

　　この曲は□（　①　）分の□（　②　）拍子で，□（　③　）小節に8分音符が□（　④　）つ入っている。歌うときは大きな□（　⑤　）拍子のように感じると，よい流れになる。

❸ 次の表は速度記号の読み方や意味をまとめたものです。（　）に入るものを答えなさい。

記号	読み方	意味
dim.	ディミヌエンド	□（　　　①　　　）
Andante	□（　　②　　）	□（　　　③　　　）歩くような速さで
a tempo	アテンポ	□（　　　④　　　）

❹ 日本の伝統芸能について，次の問いに答えなさい。

(1) 歌舞伎について，次の①〜③にあてはまるものを下の[ ]から選んで書きなさい。

　　歌舞伎は，出雲のお国のかぶき踊を起源とし，□（　①　）時代のはじめに民衆の娯楽として広まった。□（　②　）などの音楽と，□（　③　）と，演技の３つが一体となった芸能である。

> 室町　江戸　長唄　唱歌　舞踊　化粧

(2) 文楽について，次の①〜④にあてはまるものを下の[ ]から選んで書きなさい。

　　文楽は□（　①　）とも呼ばれている。□（　②　）による語りと，人形と，□（　③　）の音楽が一体となった芸能である。文楽におもに使われる，語りと伴奏が一体になった音楽を□（　④　）節という。

> 人形雅楽　人形浄瑠璃　太夫　近松　三味線　尺八　義太夫

(3) 次のア〜エのうち，歌舞伎にあてはまるものはＡ，文楽にあてはまるものはＢを書きなさい。

　□ア　演じるのは人間である。　　　□イ　演じるのは人形である。
　□ウ　役によっては「隈取」といわれる独特の化粧をする。
　□エ　舞台上には「船底」と呼ばれる，一段低くなった場所がある。

2年 総合問題

❶	(1)①		②		③	
	(2) ①作曲家：			国：		
	②作曲家：			国：		
	③作曲家：			国：		
3点	(3)		(4)楽器名：			写真：

❷	(1)Ａ		Ｂ		(2)	
3点	(3)①	②	③	④	⑤	

❸	①	②	③	④
4点				

❹	(1)	①		②		③	
	(2)	①	②		③		④
3点	(3)	ア	イ		ウ		エ

99

花

■赤シートを使って答えよう！

作詞者	武島羽衣 （たけしま は ごろも） 1872 ～ 1967（明治 5 ～昭和 42）年	作曲者	滝 廉太郎 （たき れんた ろう） 1879 ～ 1903（明治 12 ～明治 36）年
調	ト 長調	拍子	4 分の 2 拍子（びょうし）
速度	♩ =60~66	曲の形式	二部 形式（a－a' b－a"）

●記号・用語

① メッゾ フォルテ： 少し強く

② 名前： 16分休符（きゅうふ）

③ スラー：高さの違う（ちが）2 つ以上の音符（おん ぷ）を
滑らかに（なめ）

●（ ）に歌詞を書こう！

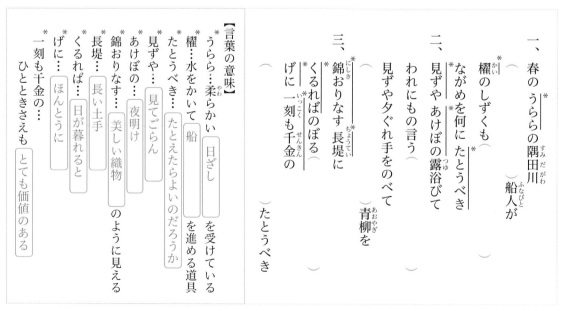

【言葉の意味】

うらら…柔らかい（やわ） 日ざし （を受けている）

櫂…水をかいて（舟（ふね）を進める道具）

たとうべき… たとえたらよいのだろうか

見ずや… 見てごらん

あけぼの… 夜明け

錦おりなす… 美しい織物 （のように見える）

長堤… 長い土手

くるれば… 日が暮れると

げに… ほんとうに

一刻も千金の… ひとときさえも とても価値のある

一、
　春の＊うらら（かい）の隅田川（すみ だ がわ）
　＊櫂（かい）のしずくも（ ）
　＊ながめを何に＊たとうべき
　　　　　　　　　　　　（ ）船人（ふなびと）が

二、
　＊見ずやあけぼの露浴びて（つゆ）
　われにもの言う（ ）
　見ずや夕ぐれ手をのべて
　　　　　　　　　　　　　　青柳（あおやぎ）を（ ）

三、
　＊錦（にしき）おりなす長堤（ちょうてい）に
　＊くるれば＊のぼる（ ）
　＊げに一刻（いっこく）も千金（せんきん）の
　　　　　　　　　　　　　　（ ）＊たとうべき

花

◆曲について

□①作詞者は誰ですか。

□②作曲者は誰ですか。

□③この曲に歌われている川の名前を書きなさい。

□④この曲は何調ですか。

□⑤この曲は何分の何拍子ですか。

□⑥この曲の形式を書きなさい。

①	
②	
③	
④	
⑤	
⑥	

◆歌詞について

□⑦「見ずや」とはどういう意味ですか。

□⑧「あけぼの」とはどういう意味ですか。

□⑨「げに」とはどういう意味ですか。

⑦	
⑧	
⑨	

◆記号・用語

□⑩　𝄾　この休符の名前を書きなさい。

□⑪⑩と同じ長さの音符を記号で選びなさい。

　　ア ♩　　イ ♪　　ウ ♫

□⑫ *mf* の読み方と意味を書きなさい。

⑩	
⑪	
⑫ 読み方	
意味	

「花」がつくられたのは、
明治維新によって日本が大きく変わった時期です。

当時は，子ども向けの歌であっても，
堅苦しい文語の歌詞がほとんどでした。

意味がわからない・・・

※文語＝昔の書き言葉

滝廉太郎は、
子どもにも意味がわかる口語（話し言葉）で
歌をたくさんつくりました。

「もういくつねると〜」

「ぽっぽっぽ〜　はとぽっぽ〜」

時間 30分 ／100点　目標 70点　解答 p.18

大切！ ❶ 次の（　）にあてはまる言葉を，下の▭から選んで書きなさい。

▶ この曲の作詞者は▭（　①　），作曲者は▭（　②　）で，二人とも▭（　③　）時代の生まれである。作曲者の代表作にはほかに「箱根八里」や「▭（　④　）」などがある。

▶ この曲は▭（　⑤　）拍子で，♩＝▭（　⑥　）ぐらいの速度で歌う。

▶ この曲は，最初のフレーズをaとすると，a－a' b－a"と表すことができる▭（　⑦　）である。

```
三木露風（みきろふう）　武島羽衣（たけしまはごろも）　滝 廉太郎（たきれんたろう）　山田耕筰（やまだこうさく）　明治　昭和　夏の思い出
荒城の月（こうじょう）　4分の2　4分の3　60〜66　120〜126　一部形式　二部形式
```

❷ 「花」の歌詞について答えなさい。

(1) （　）をうめて，1番の歌詞を完成させなさい。漢字がわからないときはひらがなで書きなさい。

　　春のうららの▭（　①　）　　のぼりくだりの▭（　②　）
　　櫂（かい）のしずくも▭（　③　）　　ながめを何にたとうべき

 (2) 次の言葉の意味を▭から選び，記号で答えなさい。

　　▭①　たとうべき　　▭②　見ずや　　▭③　あけぼの　　▭④　長堤（ちょうてい）
　　▭⑤　くるれば　　▭⑥　げに

```
　　ア　ほんとうに　　イ　日が暮れると　　ウ　たとえたらよいのだろうか
　　エ　見てはいけない　　オ　見てごらん　　カ　驚いた　　キ　夕焼け
　　　　　　ク　夜明け　　ケ　長い土手　　コ　長い川
```

点UP ❸ 「花」の1番の旋律（せんりつ）として正しいものをそれぞれア・イから選び，記号で答えなさい。

▭(1)

▭(2)

▭(3)

❹ 曲に出てくる記号について答えなさい。

(1) それぞれの休符の名前を答えなさい。

　　　□a ♪　　□b ♪　　□c ♪

□□(2) (1)の a ～ c のうち，休む長さが<u>いちばん長いもの</u>と，<u>いちばん短いもの</u>を記号で答えなさい。

□(3) 次の部分の歌い方について，正しいものを 1 つ選び，記号で答えなさい。

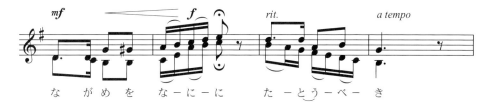

ア　2 小節目の「に」をほどよく延ばし，休まずに 3 小節目を歌い出し，だんだん遅くして終わる。

イ　2 小節目の「に」を短く切り，一息おいて 3 小節目を歌い出し，だんだん速くして 4 小節目ではもとの速さになる。

ウ　2 小節目の「に」をほどよく延ばし，一息おいて 3 小節目を歌い出し，だんだん遅くしていき 4 小節目ではもとの速さになる。

⌒ や rit. などの記号に注目しよう。

表現 □❺ 次の A，B のリズムは，◯ の部分が異なります。こういった箇所に見られる作曲者の工夫について自分の考えを書きなさい。（ヒントとなる言葉：休符，言葉）

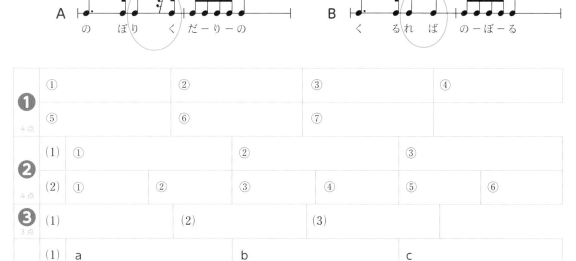

❶ 4点	①		②		③		④	
	⑤		⑥		⑦			
❷ 4点	(1)	①		②			③	
	(2)	①	②	③	④	⑤	⑥	
❸ 3点	(1)		(2)		(3)			
❹ 4点	(1)	a		b		c		
	(2)	いちばん長い：		いちばん短い：		(3)		
❺ 3点								

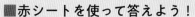

ぴたトレ **1** 花の街

要点チェック

時間 **5**分

■赤シートを使って答えよう！

作詞者	江間章子 え ま しょうこ	作曲者	團 伊玖磨 だん いくま
	1913 ～ 2005（大正 2 ～平成 17）年		1924 ～ 2001（大正 13 ～平成 13）年

調	へ 長調	拍子	2/4 4 分の 2 拍子 びょうし	速度	♩=72~84

●記号・用語

①*mf* cre - - - - - - - scen - - - - - - - - - - - - do ② ③ ④ *f*

●（　）に歌詞を書こう！

① メッゾ フォルテ：
少し強く

② *crescendo*：
だんだん強く

③ クレシェンド：
だんだん強く

④ フォルテ：
強く

⑤ 名前：
8分休符 きゅうふ

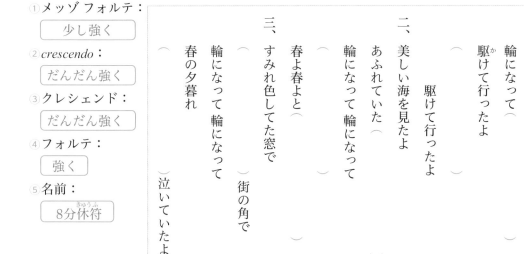

一、
七色の谷を越えて こ
流れて行く（　）
輪になって（　）
駆けて行ったよ か

二、
美しい海を見たよ
駆けて行ったよ

二、
あふれていた（　）
輪になって
輪になって（　）

三、
春よ春よと（　）
すみれ色してた窓で

（　）街の角で

輪になって 輪になって
春の夕暮れ

（　）泣いていたよ

ぴたトレ **2** 花の街

練習

問／5問　時間 **5**分　解答 p.19

□①作詞者・作曲者は誰ですか。

□②この曲は何調ですか。

□③この曲は何分の何拍子ですか。

□④この曲がつくられたのは第二次世界大戦の
　　前とあとのどちらですか。

□⑤ *crescendo* の読み方と意味を書きなさい。

① 作詞	
作曲	
②	
③	
④	
⑤ 読み方	
意味	

大切! ❶ 「花の街」について，次の（　）から正しいものを選び，記号で答えなさい。

▶作詞者は□①（ア　武島羽衣　イ　江間章子），作曲者は□②（ア　中田喜直　イ　團 伊玖磨）である。

▶この曲の調号は  で，主音が□③（ア　[譜]　イ　[譜]）の□④（ア　ヘ長調　イ　ト長調）である。

▶この曲の拍子は□⑤（ア　4分の2拍子　イ　4分の4拍子）で，歌う速さは □⑥（ア　♩=72〜84　イ　♩=120）ぐらいがよい。

▶この曲は，第二次世界大戦の□⑦（ア　前　イ　あと）につくられた。作詞者はこの詩に □⑧（ア　現実　イ　夢）ではなく□⑨（ア　現実　イ　夢）を描き，□⑩（ア　ふるさと　イ　平和）への願いをこめている。

よく出る ❷ 楽譜を見て答えなさい。

わ に な ー っ て　　わ に な ー っ て　　か け て　い っ た　よ

□(1)　Aの記号の読み方を答えなさい。

□(2)　Aの記号と同じ意味を表す記号は，ア・イのどちらですか。

ア　＜　　イ　＞

□(3)　Aの記号は，省略するときには，ア・イのどちらで表記されますか。

ア　cresc.　　イ　dim.

表現 □(4)　Aの記号があったら，どのように歌うとよいですか。

表現 □(5)　強弱記号から考えて，いちばん盛り上げて歌うとよいところは何小節目から何小節目にかけてですか。

□□(6)　Bに共通して入る休符を書き，その名前を答えなさい。

□(7)　Bと同じ長さの音符を ┌──┐ から選び，記号で答えなさい。

ア 𝅝　イ ♩　ウ ♩　エ ♪

点UP □❸ 「花の街」の歌詞について述べた内容です。正しいほうを選んで記号で答えなさい。

ア　1・2番の歌詞は作詞者が戦争で見た情景を表している。

イ　1・2番の歌詞は作詞者が夢に描いた街を表している。

❶	①	②	③	④	⑤
3点	⑥	⑦	⑧	⑨	⑩

❷	(1)			(2)	(3)
	(4)			(5)　　〜　　小節目	
2点	(6) 休符：	名前：		(7)	❸ 4点

成績評価の観点 **表現** …音楽についての思考・判断・表現　**表現** のマークがない問題は，全て音楽についての知識・技能の問題です。　105

早春賦（そうしゅんふ）

■赤シートを使って答えよう！

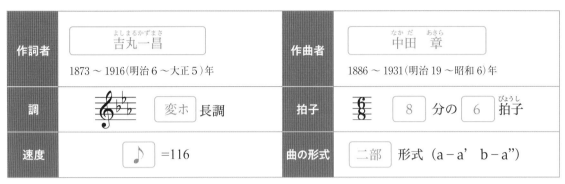

作詞者	吉丸一昌（よしまるかずまさ） 1873〜1916（明治6〜大正5）年	作曲者	中田　章（なかだ　あきら） 1886〜1931（明治19〜昭和6）年
調	変ホ 長調	拍子	8 分の 6 拍子（びょうし）
速度	♪ =116	曲の形式	二部 形式 （a−a’ b−a”）

●記号・用語

① ピアノ：　弱く

② クレシェンド：　だんだん強く

③ デクレシェンド：　だんだん弱く

●（　）に歌詞を書こう！

【言葉の意味】
*時にあらずと
　…まだその時ではないと
*角ぐむ…
　…芽が出始める
*さては時ぞと
　…今がその時だと
*思うあやにく
　…思ったのに、あいにく
*知らでありしを
　…知らないでいたものを

三、
春と聞かねば
聞けば急（せ）かるる（　）
いかにせよとの この頃（ごろ）か
いかにせよとの（　）

今日もきのうも
今日もきのうも雪の空
さては時ぞと　思うあやにく
*氷解け去り葦（あし）は角（つの）ぐむ
*知らでありしを（　）

二、
時にあらずと
時にあらずと声も立てず
*谷の鶯（うぐいす）歌は思えど
一、
春は名のみの（　）

早春賦

□①作詞者・作曲者は誰ですか。

□②この曲は何分の何拍子ですか。

□③この曲の形式を答えなさい。

□④「角ぐむ」とはどういう意味ですか。

□⑤ ◁▷ の読み方と意味を書きなさい。

①	作詞
	作曲
②	
③	
④	
⑤	読み方
	意味

ぴたトレ 3 早春賦

確認テスト

時間 15分 ／50点 　合格 35点　解答 p.19

大切! ❶「早春賦」について，次の（　）から正しいものを選び，記号で答えなさい。

▶作詞者は□①（ア 吉丸一昌 イ 江間章子）で，作曲者は□②（ア 山田耕筰 イ 中田 章）である。

▶歌う速度は□③（ア ♪=60　イ ♪=116）と指定されている。これは□④（ア 1秒間 イ 1分間）に□⑤（ア ♪　イ ♩）を表示された数の分打つ速さである。

▶この曲は，最初のフレーズをaとすると，□⑥（ア a–a’ b–b’ イ a–a’ b–a”）と表すことができる□⑦（ア 一部形式　イ 二部形式）である。

よく出る ❷ 次の言葉の意味を |____| から選び，記号で答えなさい。

□①　時にあらずと　　　　□②　角ぐむ　　　　□③さては時ぞと

□④　思うあやにく　　　　□⑤　知らでありしを

> ア 芽が出始める　　イ 知らないでいたものを　　ウ 思ったのに，あいにく
> エ まだその時ではないと　　オ 今がその時だと　　カ 角を曲がる

点UP □❸「早春賦」の出だしの楽譜です。強弱記号が正しいものはどれですか。記号で答えなさい。

❹「早春賦」の拍子について答えなさい。

□(1)　「早春賦」の拍子記号を選びなさい。　　ア $\frac{3}{4}$　イ $\frac{5}{4}$　ウ $\frac{6}{8}$

表現 □(2)　この曲は，どのようにリズムをとらえて歌うとよいと思いますか。1つ選んで記号で答えなさい。

ア ♪を1つ1つ意識して，6拍子に感じて歌う。♪♪♪♪♪♪ 1 2 3 4 5 6

イ ♪♪♪ を1つのまとまりにとらえて，大きく2拍子に感じて歌う。

ウ ♪♪ を1つのまとまりにとらえて，大きく3拍子に感じて歌う。

❶ 3点	①	②	③	④
	⑤	⑥	⑦	

❷ 4点	①	②	③	④	⑤

❸ 3点		❹ 3点	(1)	(2)

成績評価の観点 **表現** …音楽についての思考・判断・表現　**表現** のマークがない問題は，全て音楽についての知識・技能の問題です。

早春賦

教科書2・3年下20〜22ページ

帰れソレントへ
(Torna a Surriento)

■赤シートを使って答えよう！

作曲者	E. デクルティス（エルネスト） 1875 ～ 1937 年	出身国	イタリア

調	ハ短調 （途中で変化） ハ長調
	主音(音階の最初の音)が同じ長調と短調の関係を 同主調 という。

拍子	$\frac{3}{4}$ 4 分の 3 拍子	速度	**Moderato** 読み方： モデラート
			意味： 中ぐらい の速さで

● 記号・用語

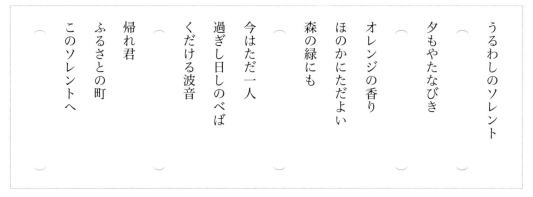

① リタルダンド：(*ritardando*) だんだん遅く
② フェルマータ：その音符を ほどよく延ばして
③ ア テンポ： もとの速さで

●（　）に1番の歌詞を書こう！

～　～
このソレントへ
ふるさとの町
帰れ君
～
くだける波音
過ぎし日しのべば
今はただ一人
～
森の緑にも
ほのかにただよい
オレンジの香り
～
夕もやたなびき
～
うるわしのソレント
～　～

帰れソレントへ
(Torna a Surriento)

問／6問　時間 **5分**　解答 p.20

□①作曲したのはどこの国の人ですか。

□②この曲で出てくる２つの調を書きなさい。

□③②で答えた２つの調の関係を何と言いますか。

□④この曲は何分の何拍子ですか。

□⑤ *rit.* の意味を答えなさい。

□⑥ *a tempo* の意味を答えなさい。

①
②
③
④
⑤
⑥

帰れソレントへ
(Torna a Surriento)

時間 15分		合格 35点	解答 p.20
	/50点		

大切! ❶ 「帰れソレントへ」について，次の（　）から正しいものを選び，記号で答えなさい。

▶この曲がつくられた舞台，ソレントは□①（**ア** スペイン　**イ** イタリア）の□②（**ア** ナポリ湾　**イ** ベネツィア湾）に面した町である。美しいソレントの□③（**ア** 風景　**イ** 音楽）や，愛する人が□④（**ア** 外国で幸せに暮らす　**イ** 故郷に戻る）ことを願う気持ちが歌われている。

▶この曲の最初の調号は□⑤（**ア** 🎼　**イ** 🎼）である。□⑥（**ア** 長調　**イ** 短調）で始まり，途中で調号が□⑦（**ア** 🎼　**イ** 🎼）に変わり□⑧（**ア** 長調　**イ** 短調）になる。どちらの調も主音は□⑨（**ア** 🎼　**イ** 🎼）であり，このように主音が同じ長調と短調の関係を□⑩（**ア** 同主調　**イ** 同音調）という。

▶この曲の拍子は□⑪（**ア** 4分の2拍子　**イ** 4分の3拍子）で，歌う速さの表示は□⑫（**ア** **Andante**　**イ** **Moderato**），□⑬（**ア** 中ぐらいの　**イ** ゆっくり歩くような）速さで歌うとよい。

❷ 「帰れソレントへ」で使われている記号です。速さを表すものには A を，強弱を表すものには B を書きなさい。

□① *rit.*　　□② *mp*　　□③ *mf*　　□④ **Moderato**　　□⑤ *f*　　□⑥ *p*

□⑦ *a tempo*　　□⑧ ⊂

❸ それぞれの部分は長調か短調か，答えなさい。

□①　うるわしのソレント　　　　　□②　オレンジのかおり

点UP □❹ 「帰れソレントへ」で，曲の途中で変化していないものを，[　]からすべて選びなさい。

> 調　　　強弱　　　拍子　　　速さ

表現 □❺ この曲を自分ならどのように歌いたいか，曲の特徴についてふれながら自由に書きなさい。

❶ 2点	①	②	③	④	⑤	⑥	⑦
	⑧	⑨	⑩	⑪	⑫	⑬	

❷ 2点	①	②		③		④	
	⑤	⑥		⑦		⑧	

❸ 2点	①	②	❹ 2点				完答

❺ 2点	

ブルタバ（モルダウ）

■赤シートを使って答えよう！

作曲者	ベドルジハ B. スメタナ	1824～1884年	出身国	チェコ	共和国
演奏形態	オーケストラ	（管弦楽）	曲の種類	交響詩	
音楽史上の時代区分	ロマン	派・国民楽派	日本の時代	江戸～明治時代	

【鑑賞のポイント】

スメタナとチェコ

作曲者が生きていた当時のチェコは、 オーストリア からの支配を受けていた。祖国を思う彼は、国を象徴する ブルタバ 川に思いを託し、流域の情景を音楽で表した。曲名の「ブルタバ」は チェコ 語圏での呼び名であり、ドイツ語圏では「モルダウ」と呼ばれる。

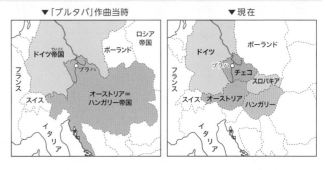

▼「ブルタバ」作曲当時　　　▼現在

交響詩

この曲は、6曲からなる連作交響詩「 我が祖国 」の中の第2曲である。文学的、絵画的内容をオーケストラで比較的自由に表現したものを、交響曲と区別して 交響詩 と呼ぶ。スメタナが活躍した19世紀中ごろに多くつくられるようになった。

標題

「ブルタバ」は2つの 源流 の描写に端を発し、各地の民謡などを取り入れながら流域の情景を音楽で描写していく。次第に川幅が広がり、首都の プラハ を流れるときには大河となっている。作曲者は、それぞれの情景を表す音楽に 標題 を付けた。

ブルタバ（モルダウ）

◆**作曲者について**

□①作曲者は誰ですか。

①

□②作曲者の生まれた国はどこですか。

②

◆**時代背景・地理について**

□③当時，作曲者の祖国はどこの国に支配されていましたか。

③

□④作曲者の国の首都の名前を答えなさい。

④

◆**曲について**

□⑤この曲は「我が○○」という連作集の中の第2曲目です。
　○○の部分を漢字2文字で答えなさい。

⑤

□⑥この曲は「交響○」と呼ばれます。
　○の部分を漢字1文字で答えなさい。

⑥
⑦
⑧
⑨

□⑦「ブルタバ」は何語での呼び名ですか。

□⑧冒頭（ぼうとう）で演奏されるのは，川のどんな場所ですか。
　漢字2文字で答えなさい。

□⑨作曲者は，場面ごとに音楽に題名を付けています。
　これを何と言いますか。漢字2文字で答えなさい。

流域の情景を音楽で表しているのよ。

●**構成を確認しよう**

上流から下流へと広がる流れが音楽の流れだね。

森の狩猟

2つの源流

農民の結婚式

月の光，水の精の踊り

聖ヨハネの急流

幅広く流れるブルタバ

ブルタバ（モルダウ）

時間 30分 ／100点　合格 70点　解答 p.20

大切! **①** 次の（　）にあてはまる言葉を, 下の⌐‥⌐から選んで書きなさい。同じ語を 2 度使ってもかまいません。

▶「ブルタバ」は, □（　①　）で生まれた作曲家□（　②　）がつくった連作交響詩□「（　③　）」全 6 曲の中の第□（　④　）曲目である。（①）を流れるブルタバ川の流れに沿うように, 祖国の姿が描かれている。

▶曲がつくられた当時のチェコは, □（　⑤　）の支配下にあった。同じ川でも流れる地域によって呼び名が変わる。「モルダウ川」は□（　⑥　）語圏などでの呼び方で, □（　⑦　）語圏では「ブルタバ川」と呼ぶ。作曲者は川の流域の文化や伝統, 自然を音楽で描写することで, □（　⑧　）への思いを音楽で表した。今でも国を代表する曲として人々に愛され続けている。

▶この曲のように, 祖国への思いを音楽に託した有名な交響詩として, フィンランドの作曲家□（　⑨　）が作曲した□「（　⑩　）」が知られている。

> オーストリア　　イタリア　　ドイツ　　チェコ　　ヴェルディ　　スメタナ
> 我が祖国　　四季　　1　　2　　祖国　　恋人
> シベリウス　　ヴィヴァルディ　　アイーダ　　フィンランディア

点UP

② 地図中にある①〜⑤の国名をア〜キから選びなさい。

ア　ロシア
イ　オーストリア
ウ　チェコ
エ　ドイツ
オ　ポーランド
カ　ポルトガル
キ　ルーマニア

③ 交響詩についての説明として正しいものを 3 つ選び, 記号で答えなさい。

ア　オーケストラによって演奏される。
イ　成立したのはバッハなどが活躍した17〜18世紀である。
ウ　文学的, 絵画的な内容を, 音楽で描写している。
エ　交響曲と同様, ソナタ形式が用いられることが多い。
オ　比較的自由な形式でつくられることが多い。

❹ 「ブルタバ」に出てくる旋律の一部です。それぞれについて説明しているものを，下のア〜エから選びなさい。

□(1)

□(2)

□(3)

□(4)

ア 2つの木管楽器が16分音符で細かく絡み合う。音量は小さく，小川のような小さな水の流れを表している。

イ 全曲を通して登場する「ブルタバを表す旋律」である。最初に出てくるときは短調で物悲しげに，最後に出てくるときは長調で堂々と演奏される。

ウ 静まりかえった川面のような木管楽器の音の流れにのって，弦楽器がゆったりとした音の動きで静かに演奏する。

エ チェコの民族舞踊のポルカが演奏される。人々の楽しげな生活の様子を表している。

❺ それぞれの場面で使われている印象的な楽器を選び，記号で答えなさい。

□(1) ブルタバを表す旋律 　　　□(2) ブルタバの2つの源流

□(3) 森の狩猟 　　　□(4) 聖ヨハネの急流

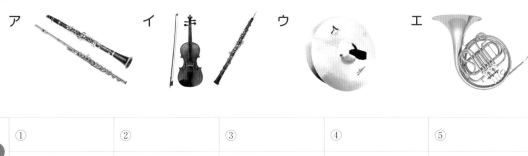

ア　　　　　イ　キ　　　　　ウ　　　　　エ

❶	①	②	③	④	⑤
4点	⑥	⑦	⑧	⑨	⑩
❷ 4点	①	②	③	④	⑤
❸ 4点					
❹ 4点	(1)	(2)		(3)	(4)
❺ 3点	(1)	(2)		(3)	(4)

成績評価の観点 [表現] …音楽についての思考・判断・表現　[表現] のマークがない問題は，全て音楽についての知識・技能の問題です。　113

ボレロ

■赤シートを使って答えよう!

作曲者	M. ラヴェル 1875 〜 1937 年	出身国	フランス
演奏形態	オーケストラ (管弦楽) ※もともとは バレエ 音楽としてつくられた		
拍子	4 分の 3 拍子	日本の時代	明治〜昭和時代

【鑑賞のポイント】

同じリズム

リズムは スペイン の舞曲ボレロを使った4分の 3 拍子。冒頭から常に同じリズムを刻む打楽器は 小太鼓 である。

小太鼓の刻むリズム

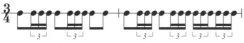

同じ旋律

ボレロのリズムにのって A と B というたった 2つ の旋律が形を変えずに交互に現れる。

弱から強へ

冒頭は pp で始まり,次第に楽器の種類や数も増え,全体を通して長い ⎯⎯⎯ (クレシェンド)をして最後は圧巻の大音量で終わる。

組み合わせの妙

シンプルな曲の構成を魅力あるものにしているのが,異なる楽器の組み合わせによる,斬新で多彩な 音色 である。作曲者は,あまりオーケストラに用いられることのないサックスやチェレスタなども取り入れている。

サクソフォーン　　チェレスタ

ボレロ

問／10問　時間 **10**分　解答 p.21

◆**作曲者について**

□①作曲者は誰ですか。

□②作曲者の生まれた国はどこですか。

①
②

◆**曲について**

□③もともと何の伴奏音楽_{ばんそう}としてつくられましたか。
カタカナ３文字で答えなさい。

□④今は，どの形態で演奏されることが多いですか。
カタカナで答えなさい。

□⑤使われているボレロというリズムは何拍子ですか。

□⑥ボレロとは，どこの国の舞曲ですか。

□⑦交互に現れる主な旋律の数は，いくつですか。

□⑧曲の冒頭でボレロのリズムを示す楽器は何ですか。

□⑨全体を通して，音量はどうなっていきますか。

□⑩全体を通して，演奏する楽器の数はどうなっていき
ますか。

③
④
⑤
⑥
⑦
⑧
⑨
⑩

ボレロ

教科書２・３年下 37〜39ページ

●**曲の始まり方**

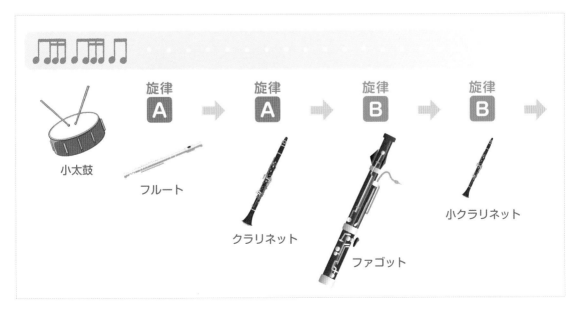

小太鼓　旋律 A　フルート　旋律 A　クラリネット　旋律 B　ファゴット　旋律 B　小クラリネット

大切！ **❶** 次の（　）にあてはまる言葉を，下の⬚から選んで書きなさい。

▶作曲者の□（　①　）は，□（　②　）に生まれ，パリ音楽院で学んだ。管弦楽法(かんげんがく)（作曲の技術）
にたいへんすぐれており，「オーケストラの□（　③　）」とたとえられる。

▶この曲は，作曲者の母国に近い国である□（　④　）の□（　⑤　）のリズムが取り入れられ
ている。

▶もともとは，□（　⑥　）のための音楽としてつくられたが，現在では□（　⑦　）のみによる
演奏で聴(き)く機会が多い。

> スメタナ　　ラヴェル　　イギリス　　スペイン　　フランス　　魔術師(まじゅつ)　　技術者
> 舞曲(ぶきょく)　　交響曲(こうきょうきょく)　　映画　　バレエ　　合唱　　オーケストラ

❷ 曲全体を通して刻まれる次のリズムについて答えなさい。

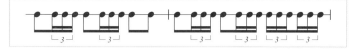

□(1)　曲の冒頭(ぼうとう)でこのリズムを演奏する楽器名を答えなさい。

□(2)　拍子(ひょうし)は次のどれか，記号で答えなさい。

　　ア $\frac{2}{4}$　　イ $\frac{3}{4}$　　ウ $\frac{4}{4}$　　エ $\frac{6}{8}$

□□□(3)　このリズムについて，正しいものを3つ選び，記号で答えなさい。

　　ア　冒頭にこのリズムを演奏した楽器は，すぐに別のリズムを演奏する。

　　イ　冒頭にこのリズムを演奏した楽器は，いちばん最後を除き，繰り返しこのリズムを演奏する。

　　ウ　このリズムは，さまざまな楽器によって演奏される。

　　エ　このリズムは，1つの楽器のみによって演奏される。

　　オ　このリズムは，曲が進むにしたがって少しずつ速くなる。

　　カ　このリズムは，最後までずっと同じ速さで演奏される。

点UP **❸** この曲で，全体を通して現れる A，B の旋律(せんりつ)です。冒頭の演奏楽器の順として正
しいのはア，イのどちらですか。

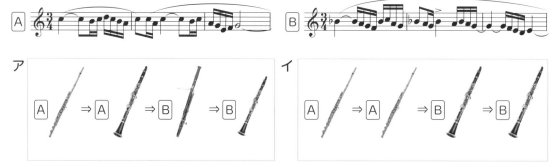

点UP ❹ 次の写真を見て、あとの問いに答えなさい。

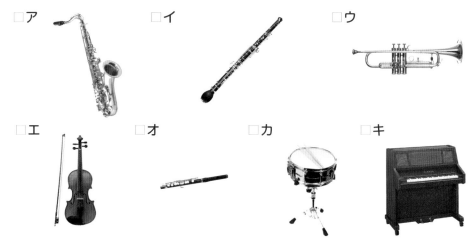

□ア □イ □ウ
□エ □オ □カ □キ

□(1) それぞれの楽器名を▢から選んで書きなさい。

> ヴァイオリン　　ホルン　　小太鼓　　チェレスタ　　テナー サックス
> ピッコロ　　オーボエダモーレ　　トロンボーン　　トランペット

□(2) 木管楽器を3つ選び、記号で答えなさい。

表現 □ ❺ 「ボレロ」について、▢内の言葉も参考にして、この曲のききどころなどを紹介する文を書きなさい。

> 舞曲　　リズム　　オーケストラ　　楽器の組み合わせ
> 繰り返し　　強弱　　曲全体　　バレエ

❶ 4点	①		②		③		④	
	⑤		⑥		⑦			
❷ 4点	(1)			(2)		(3)		
❸ 5点								
❹	(1)	ア		イ		ウ		エ
		オ		カ		キ		
4点	(2)							
❺ 7点								

成績評価の観点 表現 …音楽についての思考・判断・表現　表現 のマークがない問題は、全て音楽についての知識・技能の問題です。　117

しゃくはちがく そうかくれいぼ
尺八楽「巣鶴鈴慕」

■赤シートを使って答えよう！

【鑑賞のポイント】

尺八について

尺八は 江戸 時代に一部の宗派で僧の修行の一つとして演奏されていた。一般の人々に広く普及したのは，明治 時代である。

▲虚無僧

楽曲について

「巣鶴鈴慕」は，18 世紀半ば頃，「 鶴の巣籠 」という曲をもとにしてできた曲の一つ。曲は全部で 12 の段があり，ひなの成長～巣立ち～親鶴との死別の様子が描写されている。

楽器について

素材は 竹 でできている。標準的な長さが 一 尺 八 寸（約 55 cm）なので，楽器の名前の由来となった。指孔は前面に 4 つ，背面に 1 つある。息を吹き込む口のことを 歌口 と言う。

奏法

尺八の基本となる音は 6 つだが，奏法の工夫により，それ以外の音を出せる。

▲カリ

あごを出して吹き（歌口は広く），本来の音の高さより上げる奏法を カリ という。あごを引いて吹き，本来の音の高さより下げる奏法を メリ という。

▲メリ

尺八楽「巣鶴鈴慕」

□①尺八は，何の素材でできていますか。　①

□②尺八が僧によって演奏されていたのは何時代ですか。　②

□③あごを引いて音高を下げる奏法は何ですか。　③

□④尺八の吹き口のことを何といいますか。　④

□⑤この曲は全部で何段ありますか。　⑤

□⑥この曲のもととなった曲名を書きなさい。　⑥

尺八楽「巣鶴鈴慕」

時間 15分 ／50点　合格 35点　解答 p.22

大切! ① 次の（　）にあてはまる言葉を，下の ┈ から選んで書きなさい。

▶尺八は，□（　①　）でできた□（　②　）楽器で，日本を代表する和楽器の一つである。□（　③　）時代には一部の宗派で僧が修行のために演奏していたが，明治時代には広く一般の人々に演奏されるようになった。

▶尺八にはいろいろな長さがあるが，名前の由来となった標準の長さは□（　④　）（＝約55㎝）である。吹き口のことを□（　⑤　）という。

▶尺八の指孔は，前と背面を合わせて全部で□（　⑥　）ある。基本となる音は□（　⑦　）だが，さまざまな奏法により，それ以外の音をつくることができる。

> 竹　　松　　弦_{げん}　　管　　江戸　　平安
> 一尺八寸　　八尺一寸　　吸口　　歌口　　6つ　　5つ

よく出る ② 尺八の奏法について，次の（　）から正しいものを選び，記号で答えなさい。

(1) 音高を上げる奏法は，あごを□①（ ア 出す　イ 引く）。
これを□②（ ア カリ　イ メリ）という。歌口は広く開ける。

(2) 音高を下げる奏法は，あごを□①（ ア 出す　イ 引く）。
これを□②（ ア カリ　イ メリ）という。
歌口は下唇_{くちびる}で狭_{せま}くする。

「メリカリ下上」など，自分の覚えやすいゴロ合わせを考えてみても良いね。

点UP ③ 次の文章のうち，正しいものを2つ選び，記号で答えなさい。

ア 江戸時代に，庶民_{しょみん}たちは尺八を娯楽_{ごらく}として吹いて楽しんでいた。

イ 尺八は，指孔の数も少なく単純な構造のため，音の数や表現方法が非常に限られている。

ウ 尺八は，指孔の数も少なく単純な構造であるが，奏法の工夫でそれを補い，音の数や多彩な表現方法を生み出している。

エ 「巣鶴鈴慕」のもととなった曲は「鶴の巣籠」という曲である。

オ 「巣鶴鈴慕」は，人間の親子の情愛と別れを表現した曲である。

カ 「巣鶴鈴慕」は，全部で6つの段から構成されている。

❶	①	②	③	④
4点	⑤	⑥	⑦	

❷	(1)	①		②	(2)	①		②
4点								

❸		
3点		

成績評価の観点 **表現** …音楽についての思考・判断・表現　**表現** のマークがない問題は，全て音楽についての知識・技能の問題です。　119

将軍義満は、観阿弥一座の
能舞台に感服し、以降能を
支援するようになります。

美しい…

観阿弥の息子の
世阿弥にございます。

■赤シートを使って答えよう！

能を大成した親子	観阿弥 ・ 世阿弥	保護した将軍	足利義満
日本の時代	ほぼ今の形になったのが 室町 時代		

【鑑賞のポイント】

謡

能のセリフは，言葉に抑揚や節をつけた 謡 で表現する。演者が一人で謡ったり，通常8人の 地謡 が声をあわせて謡ったりする。

能の音楽

4人の奏者による 囃子 の演奏が，謡と一体となり，舞台を盛り立てる。この四つの楽器を合わせて 四拍子 ともいう。

笛（能管）

小鼓

大鼓

太鼓

面

主役が顔にかけて演じる。「めん」ではなく おもて と読む。

主な演者

主役… シテ と呼ぶ。歴史上の亡くなった人物や神，鬼など，この世にはいない役を演じることが多い。

相手役… ワキ と呼ぶ。現実にいる人間を演じる。

語り役… アイ と呼ぶ。前場と後場の間などに現れ，物語のあらすじや状況などを話す。狂言の役者が演じる。

狂言

能と同じ舞台で演じられるセリフ劇が 狂言 。能とセットで演じられ，多くは庶民の生活を描いた喜劇的内容を扱う。2つを総称して 能楽 という。

▲狂言『棒縛』の舞台

◆ 能について

□①能がほぼ今の形に完成されたのは,日本の何時代ですか。

□②能を保護した当時の将軍は誰ですか。

□③能を大成した親子の名前を2人答えなさい。

□④主役の呼び方を,カタカナで答えなさい。

□⑤相手役の呼び方を,カタカナで答えなさい。

□⑥演者が顔にかける「面」の読み方をひらがなで書きなさい。

□⑦「面」は主役・相手役,どちらが顔にかけますか。

□⑧能と同じ舞台で演じられるセリフ劇を何といいますか。

□⑨⑧は,歴史上の話と庶民の生活,主にどちらを扱いますか。

①	
②	
③	
④	
⑤	
⑥	
⑦	
⑧	
⑨	

◆ 音楽について

□⑩能のセリフは何で表現されますか。
　漢字1文字で答えなさい。（ひらがなでもよい）

□⑪⑩を大勢で謡う人たちを何と呼びますか。
　漢字2文字で答えなさい。（ひらがなでもよい）

□⑫能の音楽を担当する楽器群をまとめて何と呼びます
　か。漢字3文字で答えなさい。

⑩	
⑪	
⑫	

● 能の舞台について知ろう！

野外で行われていたなごりで,室内でも屋根付きの舞台が使われます。

橋掛り（はしがかり）
…演者が登場したり
退場したりする場所。

本舞台
…演者たちが演じる場所。

目付柱（めつけばしら）
…シテ役の演者が面をつけていて視野が
せまいため,目印として使われる。

◀ 国立能楽堂

時間 30分 /100点　合格 70点　解答 p.22

大切! ❶ 次の（　）にあてはまる言葉を，下の▦▦▦から選んで書きなさい。同じ言葉を２度使ってもかまいません。

▶能は，□（　①　）時代に，この時代の将軍である□（　②　）が保護して大成した，日本の伝統的な歌舞劇である。□（　③　）親子によって形が整えられ，ほぼそのままの形で継承（けいしょう）されている。□（　④　）時代には幕府の儀式（ぎしき）用の芸能と定められた。

▶能のセリフは，言葉に節（ふし）や抑揚（よくよう）をつけた，□（　⑤　）という日本の声楽で表現される。演者が一人でこれを謡（うた）う以外に，通常８人の□（　⑥　）が合唱のように声をあわせて謡い，劇の進行を助ける。（⑤）は□（　⑦　）時代の言葉がそのまま使われている。

▶能の音楽は，４人の楽器奏者が演奏する□（　⑧　）によって舞台を盛り立てる。

▶狂言（きょうげん）は，能と同じ舞台で，能と交互（こうご）に上演されるセリフ劇である。□（　⑨　）が神や鬼，亡霊（ぼうれい）などを扱い，超現実的な内容を描（えが）くのに対し，□（　⑩　）は庶民（しょみん）の暮らしの中の喜劇的内容を扱うことが多い。能・狂言をまとめて□（　⑪　）と呼ぶ。

▶能で主人公を演じる役者を□（　⑫　）と呼び，相手役を□（　⑬　）と呼ぶ。劇の合間などに，主人公に関する話や，あらすじについて話したりする演者を□（　⑭　）と呼び，これは狂言の役者が演じる。

```
平安　　室町（むろまち）　　江戸（えど）　　明治　　足利尊氏（あしかがたかうじ）　　足利義満（あしかがよしみつ）　　観阿弥・世阿弥（かんあみ・ぜあみ）　　歌謡（うたい）
地謡（じうたい）　　四拍子（しびょうし）　　長唄（ながうた）　　能　　狂言　　歌舞伎（かぶき）　　能楽（のうがく）　　アイ　　シテ　　ワキ
```

❷ 次のうち，能の音楽に使われる楽器を４つ選び，記号で答えなさい。

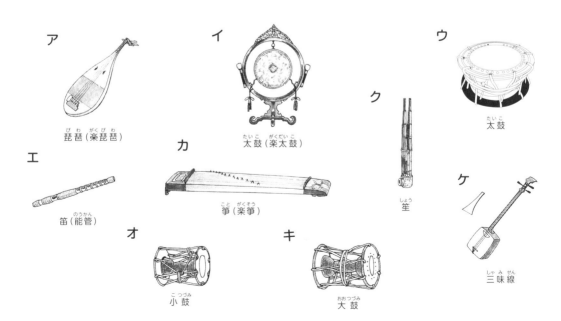

ア　琵琶（びわ）（楽琵琶（がくびわ））
イ　太鼓（たいこ）（楽太鼓（がくだいこ））
ウ　太鼓（たいこ）
ク　笙（しょう）
エ　笛（ふえ）（能管（のうかん））
カ　箏（こと）（楽箏（がくそう））
ケ　三味線（しゃみせん）
オ　小鼓（こつづみ）
キ　大鼓（おおつづみ）

❸ 次の写真を見て答えなさい。

□(1) 能の演者がかける面です。何と読むか，ひらがなで答えなさい。

□(2) このような面をかける演者は，能ではふつう，劇の主人公ですか，相手役ですか。

 ❹ 能の用語について，それぞれ正しい説明を ⬚ から選び，記号で答えなさい。

□(1) 詞章（ししょう）

□(2) 生み字(産み字)（う）

□(3) 直面（ひためん）

教科書2・3年下44～50ページ

```
も
〜
→オ
〜
つ
→ウ
〜
```

ア 言葉を延ばす際，残った音（おん）を意識して延ばしたり高さを変えたりするときの，母音（ぼいん）の部分。

イ 能など，演劇作品の歌詞のこと。

ウ 役者が面をかけずに演じること。

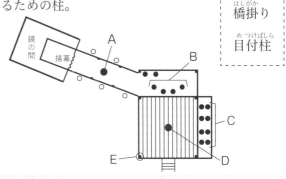 ❺ 能の舞台について，(1)～(5)が図のA～Eのどこか，また，(1)～(3)についてはその名前を ⬚ から選んで答えなさい。

□□(1) 演者が登場・退場のときに通る場所。

□□(2) 面をかけた演者が自分の位置を確かめるための柱。

□□(3) 演者が演じる主な場所。

□(4) 地謡が謡う場所。

□(5) 四拍子が囃子を演奏する場所。

```
本舞台
橋掛り（はしがか）
目付柱（めつけばしら）
```

❶ 3点	①	②	③	④
	⑤	⑥	⑦	⑧
	⑨	⑩	⑪	⑫
	⑬	⑭		

❷ 3点		

❸ 5点	(1)	(2)

❹ 4点	(1)	(2)	(3)

❺ 3点	場所	(1)	(2)	(3)	(4)	(5)
	名前	(1)		(2)		(3)

成績評価の観点 表現 …音楽についての思考・判断・表現　表現 のマークがない問題は，全て音楽についての知識・技能の問題です。 123

■赤シートを使って答えよう！

世界には多様な音楽があります。それぞれのよさや美しさ，使われる楽器や声，旋律の特徴などに耳を傾けてみましょう。

●各地の民族音楽

オルティンドー	…細かい節回しを使って歌われる拍のない民謡。一人で歌ったり，モリンホール(馬頭琴)という2弦の弦楽器が伴奏したりする。日本の(拍のない)民謡にもどこか似ている。
カッワーリー	…ハルモニウム(小型のオルガン)，タブラーという太鼓，手拍子などで伴奏される宗教的な歌。速度の変化とともに盛り上がる。
ガムラン	…青銅や竹などでつくられた打楽器を中心とした音楽。複雑なリズムの組み合わせで独特のうねりが生まれる。五音音階が基本となっており，踊りや劇の伴奏音楽としても使われる。

ぴたトレ 2
練習

アジアや世界の諸民族の音楽・ポピュラー音楽

問/4問　時間 **5**分　解答 p.23

☐ ①細かい節回しで歌われる，モンゴルの民謡を何といいますか。

☐ ②宗教的な場面で歌われる，タブラーや小型のオルガンなどで伴奏される，パキスタンなどの音楽を何といいますか。

☐ ③打楽器を中心とした複雑なリズムの組み合わせが特徴の，インドネシアの音楽を何といいますか。

☐ ④ジャズやボサ ノヴァなど南北アメリカ大陸の音楽は，どの地域の音楽が影響して生まれたか，記号で答えなさい。

①
②
③
④

ア　オーストラリア大陸　　イ　中国大陸　　ウ　ヨーロッパ・アフリカ大陸

アジアや世界の諸民族の音楽・ポピュラー音楽

時間 15分　／50点　合格 35点　解答 p.23

大切! **❶** 次の特徴をもつ音楽を，下の　　　から選んで書きなさい。

□(1)　アメリカ南部ニューオーリンズを中心に，ヨーロッパのクラシック音楽とアフリカ系アメリカ人（黒人）たちの音楽などが融合（ゆうごう）して生まれた，即興（そっきょう）を中心とした音楽。

□(2)　インドネシア地域で演奏される，青銅や竹を使った打楽器を中心とした合奏。独特のリズムで複雑なうねりを生み出す。

□(3)　モンゴルの声による音楽で，遊牧民が祝いや祭りの場で歌ってきた。自由な朗々とした節回しで歌われる。

□(4)　1990年頃に生み出された言葉で「日本のポピュラー音楽」の意味。

□(5)　1950年頃にアメリカで生まれたロックンロールが原型。次第に洗練されて一つのジャンルとなった。エレクトリックギターなど電子楽器の普及（ふきゅう）も影響（えいきょう）している。

□(6)　パキスタンなどで，宗教的な場面で歌われる歌。小型オルガンやタブラー，手拍子（びょうし）が伴奏として使われる。

> オルティンドー　　カッワーリー　　ロック　　J-POP　　ガムラン　　ジャズ

点UP **❷** 日本の音楽で使われている楽器は，世界各地から伝わり日本独自に変化したものもあります。次の楽器と共通性のある日本の楽器を下のア〜エから選び，記号で答えなさい。

□(1)　アルメニアに伝わるドゥドゥクは，芦（あし）のリードをもつ縦笛。

□(2)　朝鮮（ちょうせん）半島に伝わるカヤグムは，12本の弦をもつ楽器。ひざの上に置き，爪はつけずに指で直接弦を弾く。

□(3)　アラブ諸国に伝わるウードは丸みをおびた弦楽器。ギターのようにかまえ，弦を指ではじいて音を出す。

□(4)　朝鮮半島に伝わるタンソは，竹でできた縦笛で，長さはおよそ40センチ。指孔（ゆびあな）は前に4つ，裏に1つある。韓国では，日本のリコーダーのように学校の音楽の授業で習うポピュラーな楽器。

ア　箏（こと）　　イ　尺八（しゃくはち）　　ウ　琵琶（びわ）　　エ　篳篥（ひちりき）

❶	(1)		(2)		(3)	
5点	(4)		(5)		(6)	
❷ 5点	(1)	(2)		(3)		(4)

「旗」のある音符は，次のようにつなぐと，書きやすく，また読みやすくなります。

そうか，いちいち旗を書くのはめんどうだもんね。

こんなにたくさん書くのはめんどう…

横棒でつなげよう！

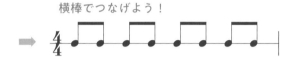

↑ 8分音符2つごとにつなぐ

こんなにたくさん書くのはめんどう…

横棒でつなげよう！

↑ 16分音符4つごとにつなぐ

4分音符1つ分になるようにつなぐことが多いのよ。

音符をつなぐと，楽譜が見やすくなるね！

この楽譜は…

8分音符をつなぐと見やすくなるね

「山のポルカ」

この楽譜は…

16分音符をつなぐと見やすくなるね

「春」

① 同じものを線でつなごう。

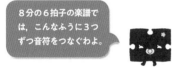

② 同じものを線でつなごう。

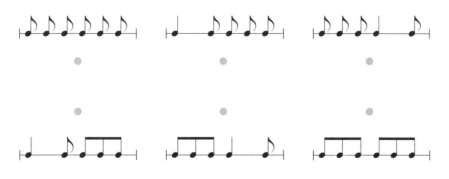

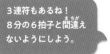

127

基礎力 up! 調のトレーニング

解答 p.23

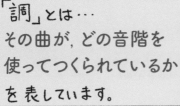

「調」とは…
その曲が, どの音階を
使ってつくられているか
を表しています。

きまり①
調の名前は, 音階の始まり
の音（主音）をつけます。

きまり②
調の名前は, ドレミ…でなく,
ハニホ…でつけます。

だからこれは ［ 八長調 ］

ド レ ミ ファ ソ ラ シ ド
ハ ニ ホ ヘ ト イ ロ ハ

では次に長調の
音階のしくみを
見ていくわよ。

ピアノの鍵盤で見てみましょう。
音と音との間に鍵盤が3つあるのが全音。
2つあるのが半音です。

［ 八長調 ］

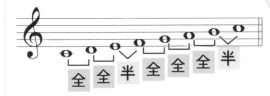

全 全 半 全 全 全 半

（ 全 は全音, 半 は半音）

⬆長調はこのような
音程間隔で並んでいます。

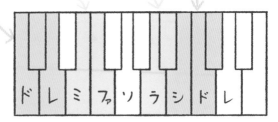

ド レ ミ ファ ソ ラ シ ド レ

ド〜レの間や シ〜♯ド の間は全音
ミ〜ファの間や ラ〜♭シ の間は半音
といういことです。

では、音階をレの音から始めてみましょう。

けんばんの数でたしかめよう。

ちょっとちがいますね。これでは長調の
の音階になりません。

どうすれば 全全半全全全半に
なるでしょうか？ そうです！
ファとドに ♯（半音上げる記号）
をつけましょう！

これで 全全半全全全半に
なりました。レから始まる
長調の音階の完成です。

毎回 音に ♯ をつけるのは大変なので
いちばん最初に付けておきます。

これが 調号 です。

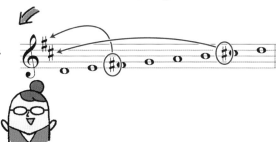

調の
トレーニング

●楽譜を見て，あとの問いに答えよう。

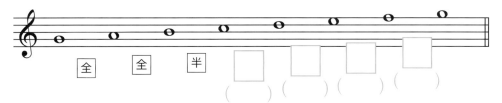

□(1)　音と音との間隔が全音か半音かを，□に「全」か「半」
　　　で書き入れよう。

□(2)　長調の音階（全全半全全全半）にするためにはどの音
　　　とどの音との間隔を変えたらよいですか。（　）に２か所
　　　○をつけましょう。

□(3)　長調の音階（全全半全全全半）にするために，○をつけ
　　　た２つの音のどちらかに臨時記号（♯）をつけましょう。

□(4)　完成した音階の調号を右に書き入れましょう。

□(5)　完成した音階の調名を右に書きましょう。

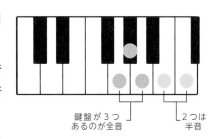

鍵盤が３つ
あるのが全音　　　　　　２つは
　　　　　　　　　　　　半音

(4)

(5)（　　　　　　）長調

129

3年 総合問題

時間 30分 ／100点　目標 70点　解答 p.24

❶ 次の①〜③の楽器について，あとの問いに答えなさい。

① 　② 　③

□□□(1) ①〜③の楽器の説明として正しいものをそれぞれ次の**ア〜ウ**から選び，記号で答えなさい。
ア 始めは雅楽(ががく)に使われたが，江戸(えど)時代には目の不自由な音楽家による曲が多くつくられた。
イ 雅楽の管絃(かんげん)の演奏で，速度を決めたり，終わりの合図をするなど指揮者のような役割をする。
ウ 江戸時代にある(一部の)宗派(そうしゅぎょう)の僧の修行の1つとして演奏され，明治時代に一般(いっぱん)に広まった。

□□□(2) ①〜③の楽器の名前を下の □□□ から選んで書きなさい。

箏(こと)　三味線(しゃみせん)　笙(しょう)　尺八(しゃくはち)　鞨鼓(かっこ)

□(3) ①の楽器で演奏される曲を右の □ から選び，記号で答えなさい。

□(4) ③が入った合奏曲を右の □ から選び，記号で答えなさい。

ア 「六段の調(ろくだん しらべ)」
イ 「越天楽(えてんらく)」
ウ 「巣鶴鈴慕(そうかくれいぼ)」/「鹿の遠音(とおね)」

❷ 次の①〜③について，能(のう)に関するものにはA，文楽(ぶんらく)に関するものにはB，歌舞伎(かぶき)に関するものにはCを書きなさい。

□① 　□② 　□③

❸ 次の楽譜(がくふ)について，あとの問いに答えなさい。

は　る　の　　う　ら－ら－の　　す－み－だ　が　わ

□(1) この曲の拍子(ひょうし)を，分数の形で答えなさい。

□(2) Aに入る休符(きゅうふ)として正しいものを**ア〜ウ**から1つ選び，記号で答えなさい。

ア 𝄽　**イ** 𝄾　**ウ** 𝄿

□□(3) Bの記号の読み方と意味を書きなさい。

□(4) この曲の作曲者の名前を書きなさい。（ひらがなでもかまいません）

❹ 次の楽譜について，あとの問いに答えなさい。

① ボレロ

② ブルタバ

③ 帰れソレントへ

☐☐☐☐(1)　①と②の作曲家の名前と，出身国を書きなさい。

☐☐☐(2)　それぞれの曲の説明として正しいものを，ア～ウから1つずつ選び，記号で答えなさい。

ア　「サンタ ルチア」や「オ ソーレ ミオ」などと同じ，ナポリの民謡である。

イ　スペインの舞曲をもとにしてつくられたバレエ音楽で，今は主にオーケストラ曲として演奏される。

ウ　連作交響詩「我が祖国」の中の1曲で，作曲者の祖国の民謡を取り入れてつくられている。

☐(3)　①の曲で，冒頭から同じリズムを刻み続けている楽器の名前を書きなさい。

☐(4)　②の演奏形態は次のア～ウのどれですか。記号で答えなさい。

ア　　　　　　　　　　イ　　　　　　　　　　ウ

❶	(1)	①		②		③	
	(2)	①		②		③	
	(3)		(4)				
❷	①		②		③		
❸	(1)	———	(2)				
	(3)読み方：			意味：			
	(4)						
❹	(1)	①作曲家：			出身国：		
		②作曲家：			出身国：		
	(2)	①		②		③	
	(3)		(4)				

音楽を楽しむためのルール

解答 p.24

■赤シートを使って答えよう！（下の ┊_┊ から適する言葉を選ぼう）

◆作品を生み出した人がもつ権利

▶私たちがふだん楽しんでいる音楽，絵画，小説，詩などには，それらを つくった人 がいます。

▶人が，創造力を生かし，工夫や努力をしてつくったものを 知的財産 といいます。

▶つくった人がもつ，その作品（著作物）に対する権利を 著作権 といい，その権利は 著作権法 で守られています。

◆著作物を使うときに注意したい基本のルール

▶誰かがつくった著作物を使いたいときは，つくった人に 許諾 を得る必要があります。

▶誰かがつくった著作物を使って利益を得たりするときは，つくった人に 使用料 を払います。

```
知的財産    著作権    著作権法    つくった人    使用料    許諾
```

●次の説明の内容が，問題ないと思われるものには○，問題があると思われるものには×をつけなさい。

①テレビで見た好きなアーティストの演奏が気に入ったので，録画して自分だけで楽しんだ。

②テレビで見た好きなアーティストの演奏を録画して，インターネットにアップロードして公開した。

③好きなアーティストのライブ音源を，料金を払ってダウンロード後，自分のプレイヤーで再生して楽しんだ。

④学校のホームページのクラス紹介のページに，みんなで話し合って好きなアーティストの曲のBGMを流すことにした。

⑤音楽の授業で創作をするときに，知っている曲を参考にしながらつくった。

いろいろなケースが考えられるね。みんなと話し合ってみよう。

⑥音楽の授業で創作をするときに，アイディアが浮かばなかったので，授業で習ったベートーヴェンの曲を思い出してそのまま楽譜に書いた。

⑦学校の文化祭で，好きなアーティストの曲を自分たちのバンドで演奏した。

⑧学校の文化祭で，好きなアーティストの曲を自分たちのバンドで演奏し，それを録画した画像をSNSにアップした。

①	②	③	④
⑤	⑥	⑦	⑧

合唱 ふりかえりシート

合唱コンクールや，行事，学年合唱などで歌った曲についてまとめておこう！

定期テストの予習にもなるよ。

♪ 歌った曲について，表にまとめよう。

曲名		合唱形態		
ふりがな 作詞者		ふりがな 作曲者 （編曲者）		
調		調　拍子 ———	速さ	
			自分の パート	

♪ 歌詞の中で，好きな言葉や，大切に歌いたいところなどを書き出そう。

♪ この曲に使われている音楽の記号や用語について，調べよう。

記号	読み方	意味

♪ 練習の記録をまとめよう。

月　　日	練習の内容	できたこと・できなかったこと 気づいたこと・次にがんばりたいこと
月　　日（　）		
月　　日（　）		
月　　日（　）		
月　　日（　）		
月　　日（　）		
月　　日（　）		
月　　日（　）		
月　　日（　）		

♪ 本番の前に，特に心がけたことや気をつけたことを書こう。

♪ 本番の演奏を終えた感想を書こう。

目標は達成できたかな？
どんなことが心に残った
かな？

♪ 次に合唱するときに工夫したいことや，これから歌ってみたい曲を書こう。

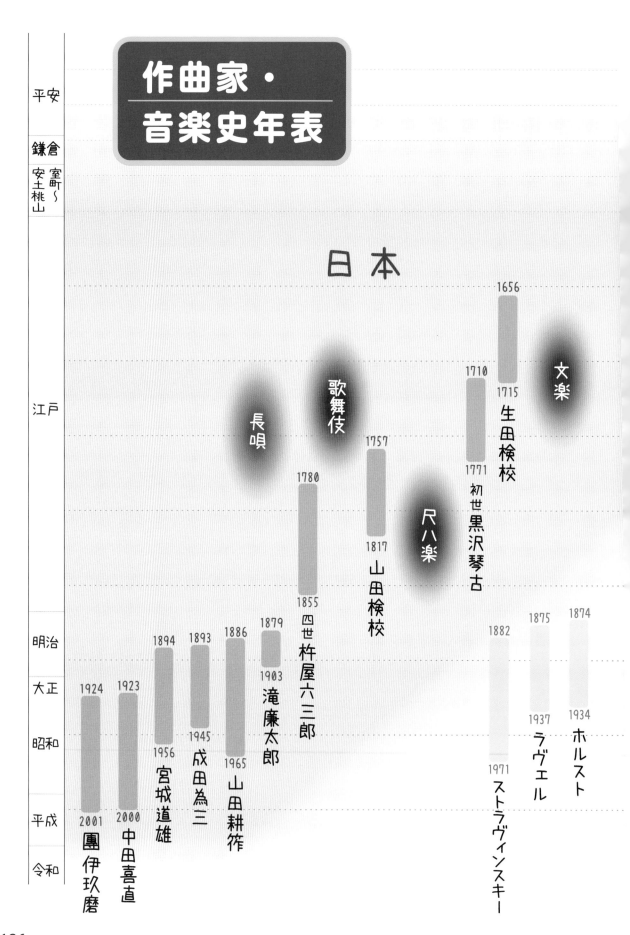

作曲家・音楽史年表

日本

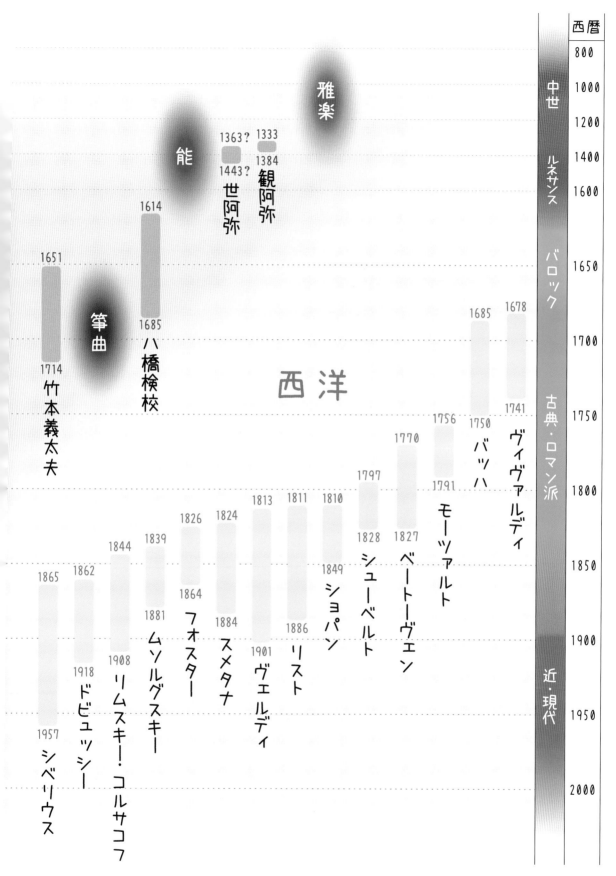

※雅楽，能，箏曲，文楽，尺八楽，歌舞伎，長唄は，
ほぼ現在の形に成立した時期をおおまかに示しています。

中学校校歌

作詞 ＿＿＿＿＿＿＿＿＿＿＿＿　　作曲 ＿＿＿＿＿＿＿＿＿＿＿＿

（編曲）＿＿＿＿＿＿＿＿＿＿＿＿

♪ 歌詞を書こう

音楽の重要事項のまとめ

● **ト音記号，ヘ音記号と大譜表**

ト音譜表（高音部譜表）とヘ音譜表（低音部譜表）を合わせた形を，大譜表という。

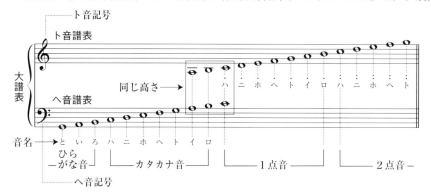

● **音名と階名**

・階名……音階の中でそれぞれの音を呼ぶ時の名前（長調はドで始まり，短調はラで始まる）。

・音名……それぞれの高さの音につけられた固有の名前。

・主音……音階の始まりの音。

● **調**（調の名前は主音の音名で決まる）

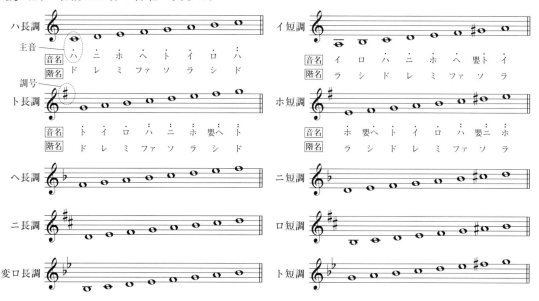

● **和音**

ある音の上に3度と5度の音を重ねたものを三和音という。また，音階の1・4・5番目の音を基本とする三和音を主要三和音という。

ハ長調の主要三和音

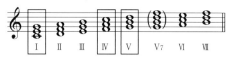

イ短調の主要三和音

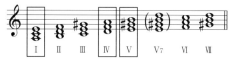

142

● 音符と休符

音　符		長さの割合	休　符	
全 音 符	𝅝	4	𝄻	全 休 符
2 分音符	𝅗𝅥	2	𝄼	2 分休符
4 分音符	♩	1	𝄽	4 分休符
8 分音符	♪	$\frac{1}{2}$	𝄾	8 分休符
16分音符	♬	$\frac{1}{4}$	𝄿	16分休符

付 点 音 符			長さの割合
付点2分音符	𝅗𝅥.	= 𝅗𝅥 + ♩	3
付点4分音符	♩.	= ♩ + ♪	$1\frac{1}{2}$
付点8分音符	♪.	= ♪ + ♪	$\frac{3}{4}$

(注)付点音符，および付点休符は，点が
ついているもとの音符，および休符の
$\frac{1}{2}$ だけ長くなる。

● いろいろな記号

●高低の変化を表す記号

記　号	読み方	意　味
♯	シャープ（嬰）	半音上げる
♭	フラット（変）	半音下げる
♮	ナチュラル	もとの高さで

(注)一時的に音高を変化させるために，
音符の左側に付けられる ♯・♭・♮
などを臨時記号という。

●強弱記号

記　号	読み方	意　味
ppp	ピアニッシッシモ	*pp*よりさらに弱く
pp	ピアニッシモ	とても弱く
p	ピアノ	弱く
mp	メッゾ ピアノ	少し弱く
mf	メッゾ フォルテ	少し強く
f	フォルテ	強く
ff	フォルティッシモ	とても強く
fff	フォルティッシッシモ	*ff*よりさらに強く
cresc. ＜	クレシェンド	だんだん強く
decresc. ＞	デクレシェンド	だんだん弱く
dim.	ディミヌエンド	だんだん弱く

●演奏上の記号

記　号	読み方	意　味
♩	スタッカート	その音を短く切って
♩	テヌート	その音の長さをじゅうぶんに保って
♩ >	アクセント	その音を目立たせて，強調して
𝄐	フェルマータ	その音符(休符)をほどよく延ばして
タイ	タイ	隣り合った同じ高さの音符をつなぎ，1つの音に
スラー	スラー	高さの違う2つ以上の音符を滑らかに
legato	レガート	滑らかに

●速度用語と記号

記　号	読み方	意　味
Adagio	アダージョ	ゆるやかに
Andante	アンダンテ	ゆっくり歩くような速さで
Moderato	モデラート	中ぐらいの速さで
Allegretto	アレグレット	やや速く
Allegro	アレグロ	速く
♩=112	1分間に♩を112打つ速さで	
rit.	リタルダンド	だんだん遅く
a tempo	ア テンポ	もとの速さで
accel.	アッチェレランド	だんだん速く

143

左欄（考え方）:

❷(1)1段目：レ　2段目：ド　3段目：レ
　　4段目：ド
(2)終わる感じになるのは，旋律の最後の音が主音のときである。(主音が終止感を出している)

ハ長調

ド　レ　ミ　ファ　ソ　ラ　シ　ド
主音

(4)1小節目のリズムに注目。
(5) *mp*：少し弱く　*mf*：少し強く
(6)曲の山(いちばん盛り上がるところ)には，強弱記号も強いものが置かれることが多い。
(7)2段目でいったん終わった感じになる。大きく2つのまとまりで構成されるので二部形式という。

❸ **Moderato**：中ぐらいの速さで
　Allegro：速く
　Andante：ゆっくり歩くような速さで

❹ 作曲者のフォスターがこの曲をつくった当時のアメリカはまだ奴隷制が残っており，黒人たちは厳しい差別や労働に耐えていた。優しかったプランテーションの主人が亡くなり，そこで働いていた黒人奴隷たちが主人の死を悲しむ様子を描いた歌である。

❺ ソプラノリコーダーとの運指の違いに注意。

の音は左手で全部の穴を閉じる。

ココがポイント！

管が長くなると音が低くなり，短くなると音が高くなる。⇒音が高くなるにしたがって，閉じる穴が減っていく。

❻(1)フェルマータは「その音符(や休符)をほどよく延ばして」という意味。

書きトレ！❻フェルマータの意味をおさえた上で答えよう。曲の最後の部分であることもポイント。白紙で出すのではなく，何か見つけて書くことが得点につながる。「しずかに」という歌詞も参考にしよう。フェルマータのあとに休符(𝄽)があるので，いったん曲が落ち着く感じになることもポイント。

浜辺の歌

p.19　　　ぴたトレ2

①林　古溪　②成田為三　③ヘ長調
④8分の6拍子(6/8)　⑤二部形式　⑥朝　⑦夕方
⑧めぐれば，さまよえば
⑨リタルダンド：だんだん遅く
⑩クレシェンド：だんだん強く
⑪全休符

p.20　　　ぴたトレ3

❶ (1)D　(2)イ　(3)C　(4)a-a'　b-a'
(5)二部形式　(6)C　(7)フレーズ
(8)①リタルダンド
②(例)だんだん遅く，曲の終わりという感じを出して歌う。
(9)①スラー
②(例)記号のついた音符がつながるように，なめらかに歌う。

❷ ①朝　②夕方　③めぐれば，さまよえば

❸ ①林　古溪　②成田為三　③8分の6　④朝
⑤夕方　⑥104〜112　⑦優美に

❹ (1)8，6　(2)ウ　(3)①2　②3　③1

考え方
❶(3)リズムや，旋律の上がり下がりに注目。
(4)Aの旋律をaとすると，BはAと似ているのでa'と表せる。Cは大きく異なるのでb，DはBと同じなのでa'となる。
(5)大きく2つのまとまりで構成されるので二部形式という。
(6)強弱記号がいちばん強いところ，旋律が大きく変わるところが曲の山になることが多い。
(7)「フレーズ」は英文を読むときにも使われる言葉。
(8)①リタルダンドは短くリットとよむこともある。*rit.* のピリオド〈.〉は省略の印。

書きトレ！②*rit.* の意味をおさえた上で，自分ならどのような工夫をして歌いたいか，つけ加えてもよい。
(9)①高さの違う音をつないでいたらスラー。タイと間違えないようにしよう。

⚠ミスに注意
タイとスラー

| タイ | 隣り合った同じ高さの音符をつなぎ，1つの音に |
| スラー | 高さの違う2つ以上の音符を滑らかに |

②スラーの意味をおさえた上で，自分ならどのような工夫をして歌いたいか，つけ加えてもよい。

❷①「あした」は「明日」と間違えないようにしよう。

②「ゆうべ」は「昨晩」の意味の「夕べ」ではないので気をつけよう。

③「もとおれば」は１番の歌詞にある「さまよえば」と同じ意味。同じ言葉の繰り返しにならないよう，別の言葉(文語)に置きかえている作詞者の工夫が見られる。

❸①作詞者の林 古溪は，国文学者，漢文学者としても知られる。

⑥♪＝104～112 は「１分間に♪を104～112打つ速さで」という意味。

❹(1)8分の6拍子($\frac{6}{8}$)の単位となる音符は分母にある8(＝8分音符)である。これが１小節の中に6つあるのが8分の6拍子。

(2)1小節の中に8分音符が6つあるものを選ぶ。♩♩♩＝♪♪♪♪♪♪である。

(3)③♩♩＝♪♪である。♪は♩の半分の長さ。

赤とんぼ

①三木露風　②山田耕筰　③４分の３拍子($\frac{3}{4}$)
④変ホ長調　⑤背負われて　⑥子守の娘
⑦ふるさとからの手紙　⑧ピアノ：弱く
⑨メッゾ フォルテ：少し強く
⑩クレシェンド：だんだん強く
⑪デクレシェンド：だんだん弱く

❶ ①山田耕筰　②美しい響き　③三木露風
④幼い頃の思い出　⑤４分の３
⑥ゆったりした　⑦一部形式

❷ ①弱く　②少し強く　③クレシェンド
④だんだん強く　⑤デクレシェンド
⑥スラー　⑦１分間　⑧息つぎ(をする)

❸ (1)①背負われて　②子守の娘
③ふるさとからの手紙
(2)ウ　(3)4番

❹ (1)4，3　(2)①イ　②ア　(3)**mf**
(4)(例)2つの音をなめらかにつなげて歌う。
(5)①○　②×　③○　④×

考え方

❶②「赤とんぼ」は，日本語の言葉の上がり下がりと旋律が一致しており，言葉の美しい響きが感じられることが特徴である。

⑤１小節の中に，４分音符が３つ分入る４分の３拍子である。

⑦４小節を１つのまとまりとして，最初の４小節(a)と，次の４小節(b)のa−bで構成される一部形式である。音楽の最もシンプルな形式といわれる。

❷この曲では，表情を表すために，細かく強弱記号が用いられている。作曲者の意図をくみ取り，表情豊かに詩の世界を表現しよう。

❸(1) ⚠ミスに注意

おわれて	○ 背負われて	× 追われて
姐や	○ 子守をしてくれる娘	× (自分の)姉

(3)１番から３番までは，作詞者の幼い頃の思い出を，４番では，現実の情景を歌っている。

❹(2)旋律の上がり下がりと強弱記号の関係に注目しよう。フレーズの中で最も高い音に**mf**(メッゾ フォルテ)があり，その音に向かって旋律が上がっているところには ＜ (クレシェンド)がある。

書きトレ!(4)スラーの意味を解答の中に入れた上で，どのように歌うとよいかを自分の言葉で表そう。

(5)②歌の情景を表現するためにつけられた音楽記号は，作曲者からのメッセージ。理解して歌おう。

③４小節ずつのフレーズを意識して歌うと，曲のまとまりが感じられる。

p.26 ぴたトレ**2**

①４分の４拍子(4/4)　②ハ長調

③混声三部合唱

④ア テンポ：もとの速さで

⑤フォルティッシモ：とても強く

p.27 ぴたトレ**3**

❶ (1)*p* → *mp* → *mf* → *f* → *ff*

　(2)フォルティッシモ：とても強く

❷ ①②③④①②⑤⑥

❸ ①遅く　②もとの速さ　③遅く

❹ (1)A　(2)B　(3)C　(4)B　(5)C　(6)B

考え方

❶(1) *mf* と *mp* についている
m（メッゾ）は「少し
（〜）」の意味。*f* と *p*
の意味をそれぞれ弱
めている。

⚠ミスに注意
強弱記号の確認

強い	>	弱い
mp	>	*p*
f	>	*mf*

　(2) *ff* は「フォルティッシモ」と読む。*pp*（ピ
アニッシモ）と同様に，「〜ッシモ」はもと
の強弱の意味を強める言い方である。

❷ 以下の順序で演奏する。‖はリピート記号。
ここではいちばん始めに戻る。

❸①*rit.* は *ritardando*（リタルダンド）の略。
短く「リット」と言うこともある。

　②*a tempo*（ア テンポ）は「もとの速さで」と
いう意味。*rit.* でテンポを遅くしたあとに，
「もとの速さに戻す」ためにつくことが多い
ので，一緒に覚えておこう。

　③*allarg.* は *allargando*（アッラルガンド）
の略で，「強くしながらだんだん遅く」とい
う意味。曲の最後に盛り上がって終わると
きなどに使われる。

❹(1)〜(5)混声三部合唱は，ト音譜表が女声パー
トのソプラノとアルト，ヘ音譜表が男声
パートである。したがってBの部分は3
声のハーモニーになる。

　(6)Bのソプラノのパートに高いミの音が何
度も現れることに注目しよう。

春 −第1楽章−

p.29 ぴたトレ**2**

①ヴィヴァルディ　②イタリア　③ソネット

④協奏曲　⑤ヴァイオリン　⑥通奏低音

⑦リトルネッロ形式

p.30 ぴたトレ**3**

❶ ①ヴィヴァルディ　②イタリア　③協奏曲
　④四季　⑤ソネット　⑥リトルネッロ形式

❷ (1)A ヴァイオリン　B チェロ
　　C コントラバス

　(2)いちばん高い：A　いちばん低い：C

　(3)イ

❸ (1)A チェンバロ　B ピアノ　(2)A　(3)ア

❹ イ

❺ イ

❻ (例)この曲は，ソネットという詩が添えられ
ています。ヴァイオリンの高い音色が小鳥の
さえずりにきこえたり，強弱の変化やリズム
で雷が鳴っている様子を表していたり，ソ
ネットを表す部分を聞くと，春の情景が浮かん
でくるところが魅力です。

考え方

❶①②ヴィヴァルディは，1678年にイタリア
のベネツィアで生まれた作曲家・ヴァイオ
リン奏者である。

　③この曲はヴァイオリンを独奏楽器としてつ
くられた協奏曲である。

　⑤イタリアで創作されるようになった，14
行からなる短い詩のことをソネットとい
う。

　⑥「リトルネッロ」はイタリア語で「反復」とい
う意味。合奏と独奏を交互に演奏するリト
ルネッロ形式は，この協奏曲の特徴である
ことを覚えておこう。

❷(1)ヴィオラはヴァイオリンより少し大きい。
胴体下部に棒状のものがついているのが
チェロとコントラバスである。チェロは
座って，コントラバスは立って演奏するこ
とが多い。

❸(1)チェンバロの弱点をカバーするように開発
されたのがピアノ。音量や，音の持続性が
一気に広がった。ヴィヴァルディの時代に
はまだピアノは存在していなかった。

　(3)楽譜に書かれた低音の上に，和音を加えて

伴奏をする「通奏低音」は，バロック時代の作品に特徴的な奏法で，チェンバロなどの鍵盤楽器やチェロなどの低音楽器で演奏される。各楽器がどのような役割を担っているか確認しておこう。

④ アの演奏形態は合唱。ウの演奏形態はオーケストラである。

⑤ この曲に何度も出てくるフレーズ。ソネットとソネットの間に，場面を切り替えるようにこの旋律が出てくる。

書きトレ！ ⑥人に紹介をする書き方で書こう。何を紹介したいのかを，「音色，リズム，旋律，情景」など設問文にある言葉を使って，具体的に書こう。

ココ が ポイント！

ほとんどの楽器は，大きくなるほど音が低くなる。小さい方から順に，ヴァイオリン→ヴィオラ→チェロ→コントラバスの順にだんだん音が低くなる。

魔王 －Erlkönig－

p.33　　　　ぴたトレ2

①シューベルト　②オーストリア　③18歳
④ゲーテ　⑤ドイツ
⑥独唱(歌唱)とピアノ(伴奏)　⑦リート
⑧魔王，父，子　⑨4人　⑩魔王　⑪ピアノ
⑫ア　⑬3連符

p.34　　　　ぴたトレ3

❶ ①オーストリア　②13　③31　④18
　⑤ゲーテ　⑥リート　⑦ピアノ伴奏　⑧速い
　⑨馬　⑩不気味さ　⑪1人
❷ ①父　②子　③子　④魔王　⑤父　⑥魔王
　⑦子
❸ (1)ウ，b　(2)イ，c　(3)ア，a　(4)エ，d
❹ イ
❺ (1)イ　(2)ア　(3)ウ
❻ (1)イ→エ→ア→ウ
　(2)(例1)魔王の姿におびえて，父に助けてもらいたくてうったえているから。
　(例2)恐怖が増すにつれて，叫び声のように声が高くなっているから。

考え方 ❶⑤ゲーテはドイツの代表的な文学者であり，詩や小説などで優れた作品を多く残してい

る。シューベルト以外に，ベートーヴェンなどもゲーテの作品に曲をつけている。

⑦シューベルトのリートでは，歌とピアノ伴奏が一体となり，詩の情景が表現されている。

⑪ **⚠ミスに注意**

> 1人の歌手が語り手を含めて4人を歌い分ける。4人の歌手が登場するわけではないので注意しよう。

❷ 物語は父が子を抱いて馬に乗り駆ける様子から始まる。魔王は子にしか見えず，最後に子は息絶えてしまう。

❸ それぞれの人物はどのように歌い分けられているか，音の高さや歌の様子を思い出して答えよう。歌詞もヒント。

(1)父はおびえる子をさとすように低い声で歌う。
(2)子は父に高い声で恐怖を訴える。
(3)魔王は明るい曲調で子を優しく誘うように歌う。
(4)語り手は物語を淡々と力強く歌う。

❹ 「魔王」は独唱とピアノ伴奏による作品。アは合唱，ウは弦楽合奏である。

❺ ストーリーを正しく理解し，どの人物が誰に語りかけるのか考えよう。

⚠ミスに注意

> Ich liebe dich(私はお前が大好きだ)は，父が子に言っているのではないので注意しよう。魔王が子を誘うために優しい言葉をかけている。

❻(1)楽譜の最初の音に注目しよう。
　イ：イ音→エ：ロ音→ア：嬰ハ音→ウ：ニ音と，1音ずつ高くなっている。

書きトレ！ (2)子の旋律は恐怖心の高まりとともに音域が高くなることを，物語の内容をもとにして，自分の言葉で書こう。

雅楽「平調 越天楽」－管絃－

p.37 ぴたトレ2

①10世紀頃　②平安時代
③管絃　④3つ　⑤吹物　⑥弾物
⑦打物　⑧いない　⑨しょうが
⑩イ

⚠ミスに注意
唱歌の読み方

○	しょうが
×	しょうか

p.38 ぴたトレ3

❶ ①アジア　②10　③1300
　④儀式　⑤平安　⑥管絃　⑦舞楽　⑧管絃
　⑨吹物　⑩打物　⑪弾物　⑫指揮者
　⑬鞨鼓　⑭間合い　⑮唱歌　⑯言葉

❷ (1)イ　(2)①C　②A　③B
　(3)しょうが　(4)イ

❸ (1)①F　②B　③G　④A　⑤E
　(2)A 鉦鼓　B 笙　C 琵琶　D 篳篥　E 太鼓
　　F 竜笛　G 箏　H 鞨鼓

❹ (例)雅楽の音色は，華やかで色鮮やかなオーケストラと比べて，静かで厳かな雰囲気に感じられます。雅楽には，オーケストラと違って指揮者がいません。拍も一定ではなく，奏者同士が間合いを取りながら演奏します。雅楽は唱歌という方法で音楽が伝えられてきて，それが今も続いています。

考え方

❶⑭打物の奏者や，吹物・弾物の各主奏者を中心に，互いの音を聴き合って，間合いをはかりながら演奏する。

❷(3)唱歌は楽器の奏法や音の感じなどを言葉で表したもの。日本の音楽はこのように主に口伝で伝えられてきた。「口唱歌」ともいう。

❸A 金属の打楽器なので高音の目立つ音が出る。
B 17本の竹が束ねられた楽器。吹いても吸っても音が出る（ハーモニカと同じ）。一度に5～6音出すことができる。
D 小さな縦笛。
E「楽太鼓」ともいう。前列中央に配置される大きな打楽器。重く深い音で音楽の節目を表す。
F 管絃では最初に音を出す役割をもつ。
H 曲の始まりや終わりを表したり，速度を調整したりして，指揮者のような役割をする。ベテランの奏者が受け持つことが多い。

書きトレ！ ❹雅楽を聴いたことのない人に伝わるように，西洋音楽・オーケストラとの違いを具体的に書こう。

箏曲「六段の調」

p.41 ぴたトレ2

①中国　②奈良時代　③雅楽　④江戸時代
⑤段物　⑥平調子　⑦ウ　⑧序破急　⑨右手
⑩左手　⑪引き色　⑫後押し　⑬江戸時代　⑭イ

p.42 ぴたトレ3

❶ ①箏　②奈良　③中国　④右手　⑤左手
　⑥高さ　⑦雅楽　⑧江戸　⑨八橋検校
　⑩平調子　⑪段物　⑫6つの段で構成される
　⑬速く　⑭緩やかに

❷ (1)①引き色　②下げ　(2)①後押し　②上げ

❸ やつはしけんぎょう

❹ 柱，じ

❺ (1)(2)

　(3)斗：と　為：い　巾：きん

❻ (1)ア　(2)序破急

❼ (例)箏の音色が美しく，日本らしい響きだと感じた。曲全体の構成が「序破急」という速度の変化があるものだと知っていたので，実際にその通りで面白かった。和楽器の音色など，改めて日本の伝統音楽のよさを感じた。

考え方

❶①～⑧箏は奈良時代に雅楽の合奏の楽器として，唐（現在の中国）から日本に伝わった。現在も雅楽の合奏で用いられるほか，現代の箏は日本音楽を代表するひとつの楽器となっている。
　⑨⑩「六段の調」を作曲したといわれる八橋検校は，この曲の調弦でもある「平調子」を確立したことでも知られる。

❷(2)「後押し」は糸を押すことで響く糸の張力が強くなり，音が高くなる。

❸ ⚠ミスに注意

検校	○けんぎょう
	×けんこう

❹ 柱の位置を変えることによって，音の高さの調整ができる。「箏柱（ことじ）」ともいう。

⚠ミスに注意

柱	○じ
	×はしら

❺(2)(3)10本目までは漢数字で呼び，11本目を

斗（と），12本目を為（い），13本目を
巾（きん）と呼ぶ。昔はすべての糸に1文
字ずつ漢字があてられていた。漢数字にし
たときに，11以降は漢数字2つになって
しまうため，漢字の呼び名が残ったという。

❻(2)「序破急」は雅楽から生まれた概念で，日本
の伝統芸能全般に用いられるものである。

書きトレ! ❼この曲を聴いて何を感じたのか，「響き」
や「速度の変化」など，設問にある言葉を
使って具体的に書こう。

日本の民謡（ソーラン節ほか）

p.44 ぴたトレ**2**

①祝い歌　②仕事歌　③子守歌　④民謡音階
⑤沖縄（琉球）音階　⑥コブシ　⑦囃子詞

p.45 ぴたトレ**3**

❶ ①祝い歌　②仕事歌　③子守歌　④踊り歌
⑤座興歌

❷ (1)北海道　(2)①カモメ　②波
(3)囃子詞　(4)イ　(5)エ

❸ (例)①「ソーラン節」は，北海道でニシン漁の
ときに歌われていたもので，民謡の中では仕
事歌にあたる。コブシや「ハイハイ」などの囃
子詞が特徴で，歌いながらリズミカルに体を
動かせるテンポのよい歌である。

考え方 ❷(5)これらはすべて，1オクターヴの中に5つ
の音をもつ「五音音階」である。ピアノやリ
コーダーで音を出して，どんな感じがする
か確かめてみよう。
アは沖縄（琉球）音階　「谷茶前」など
イは律音階　「木曽節」など
ウは都節音階「南部牛追唄」「伊勢音頭」など
エは民謡音階「ソーラン節」「こきりこ」など

書きトレ! ❸選んだ民謡の名前，音楽的にどのような
特徴があるか，どのような場面で歌われる
民謡か，などを自分で聴いてみた印象もま
じえて書いてみよう。
①「ソーラン節」以外の例は以下。
②「刈干切唄」は，宮崎県の山間地で枯れた
カヤなどを刈り取るときに歌われた仕事歌
である。言葉の最後の音を長くのばして歌
う，はっきりとした拍をもたない非拍節的
リズムの民謡である。

③「谷茶前」は，沖縄の「谷茶」という地区で
生まれた民謡で，漁村の風景を描いた踊り
歌である。沖縄（琉球）音階と呼ばれる特有
の音階が使われている。聴いていると手を
上げて踊りたくなるような，のどかで楽し
い感じのする民謡である。

リコーダーのまとめ

p.46 ぴたトレ**2**

①タンギング　②チューニング　③サミング
④サムホール

p.47 ぴたトレ**3**

❶ ①ア　②イ　③イ　④イ　⑤ア　⑥ア　⑦イ
⑧ア

❷ (1)タンギング　(2)チューニング　(3)サミング

❸ (1)　　　　　(2)　　　　　(3)

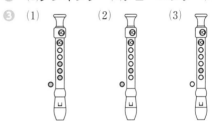

考え方 ❷(3)親指を英語でthumb（サム）ということ
からできた用語。サミングは，親指を動か
し裏孔を閉じることでわずかな隙間をつく
り，高い音を出す。

ココがポイント!

サミングには，親指を下に少しずらす方法と，親指の
爪を立てるように第一関節を曲げる方法がある。自分
のやりやすい方法を見つけよう。

❸ ソプラノリコーダーとの運指の違いに注
意。基本の音の運指を1つ覚えて，そこか
らたどって考えるのもよい。

音符のトレーニング①

p.49

❶
(1) o （ 全音符 ） ▨▨▨▨
(2) ♩ （ 2分音符 ） ▨▨□□
(3) ♩ （ 4分音符 ） ▨□□□
(4) ♪ （ 8分音符 ） ▨□□□□□□□
(5) ♬ （ 16分音符 ） ▨□□□□□□□□□□□□□□□

❷
(1) ▬ （ 全休符 ） ▨▨▨▨
(2) ▬ （ 2分休符 ） ▨▨□□
(3) ♩ （ 4分休符 ） ▨□□□
(4) ♩ （ 8分休符 ） ▨□□□□□□□
(5) ♩ （ 16分休符 ） ▨□□□□□□□□□□□□□□□

❸
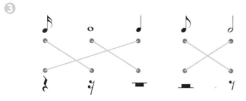

❹ ア ♩ イ ♪ ウ ♬ エ ♩
長い（ エ → ア → イ → ウ ）短い

考え方
❸ **⚠ミスに注意**

▬ 線の上に のっている ⇒2分休符	▬ 線から 下がっている ⇒全休符

❹
ココがポイント！

音符は，玉の中が白いと音が長く，黒いと音が短くなる。
また，旗が多くなるほど音が短くなる。

長い o ♩ ♩ ♪ ♬ 短い

拍子のトレーニング

p.50

❶
(1) 4/4 …4分の4拍子 1小節の中に4分音符が4つ入る（ イ ）
(2) 2/4 …4分の2拍子 1小節の中に4分音符が2つ入る（ エ ）
(3) 3/4 …4分の3拍子 1小節の中に4分音符が3つ入る（ ア ）
(4) 6/8 …8分の6拍子 1小節の中に8分音符が6つ入る（ ウ ）

❺(例)

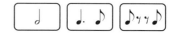

つくったカード…

考え方

❶ 拍子の読み方は，数学の分数と同じように下から上に読む。4/4＝4分の4。
分母にあたる数字が拍子の基準となる音符の種類。分子にあたる数字が，1小節内に基準の音符が入る数。

❷ 基準となる音符の種類は示されている。その音符が1小節内にいくつ分入っているかを見る。

❸ 基準となる音符が1小節内にいくつ分入るかは示されている。

❹ 拍子記号を見て，基準となる音符が1小節内にいくつ分入るかを考えよう。
(1)1小節内に，4分音符が3つ分入るように区切る。
(2)1小節内に，4分音符が2つ分入るように区切る。
(3)1小節内に，8分音符が6つ分入るように区切る。

❺ カードはすべて4分音符2拍分。1小節の中に2枚のカードを入れる。

【そのほかのカードの例】

♩	♩ ♪	♪♩♩

いろいろな組み合わせで考えてみよう。手で机をたたいたり，何か楽器を鳴らしてみたりしてみてね。

1年　総合問題

p.52

① (1)協奏曲　(2)リート　(3)雅楽（ががく）

② (1)ヴィヴァルディ　(2)シューベルト

③ (1)チェンバロ　(2)ヴァイオリン
　 (3)ピアノ

④ (1)①　(2)③

⑤ ①とても強く　②ピアニッシモ
　 ③だんだん遅く（おそ）　④ア テンポ
　 ⑤もとの速さで　⑥フェルマータ

⑥ (1)A 赤とんぼ，山田耕筰（やまだこうさく）
　　 B 浜辺の歌，成田為三（なりたためぞう）
　 (2)A ウ　B イ

⑦ (1)ア　(2)八橋検校（やつはしけんぎょう）　(3)①○　②○　③×

考え方

❶(1)独奏曲は，ソロ（一人）で
　演奏される曲のことである。

⚠️ミスに注意

○	協奏曲
×	競争曲

❸(1)ヴィヴァルディの「春」で通奏低音を担当する楽器である。
　(2)ヴィヴァルディの「春」では独奏楽器としても活躍する。（かつやく）
　(3)シューベルトの「魔王（まおう）」ではピアノ伴奏（ばんそう）が歌と一体となって詩の世界観を表現する。

❹(1)D.C.（ダ カーポ）は曲の始めに戻るという意味である。
　(2)楽譜（がくふ）の上につくセーニョ記号（𝄋）は，1度目では無視して通り過ぎよう。D.S.（ダル セーニョ）マークが出てきたときに𝄋に戻ろう。

❺③〜⑤rit.（リタルダンド）とa tempo（ア テンポ）は，速度の変化を表すときにセットで使われることが多い。一緒に覚えておこう。

❻(2)A 山田耕筰作曲の「赤とんぼ」は，ゆったりとした $\frac{3}{4}$（4分の3拍子（びょうし））である。
　B 成田為三作曲の「浜辺の歌」は，$\frac{6}{8}$（8分の6拍子）。8分音符3つを1拍として大きな2拍子を感じて演奏する。

❼(2)箏（こと）は江戸時代になって，八橋検校が現在の箏曲の基礎を確立した。そしてこの時期に，日本独自の発展を遂げる。（と）
　(3)箏の演奏は，右手に爪をつけ糸を弾き（ひ），左手で糸を押したり引いたりして音を変化させるので，③は×。

作曲に挑戦！（ちょうせん）

p.55　STEP 1

考え方　全体を通して，次の点を見直そう。
　□ 1小節の中に，2分音符（おんぷ）が2つずつ入っている？
　□ ハ長調のⅠ, Ⅳ, Ⅴの和音の中の音になっている？

p.57　STEP 2

考え方　全体を通して，次の点を見直そう。
　□ 1小節の中に，2分音符が2つずつ入っている？
　□ ハ長調のⅠ, Ⅳ, Ⅴの和音の中の音になっている？

それぞれの段について，次の点を見直そう。

□２段目…２小節目までは，１段目と同じになっている？

３小節目は，１段目と少し変化している？

４小節目の最後の音は，低いドになっている？

□３段目…１～２段目と感じが変わっている？

□４段目…２段目とまったく同じになっている？

p.59

音符が増えても，和音の中の音を使おう。

(例)

階名も書いてみよう

ド ミ ミ｜ファ ラ ｜ソ ソ ド｜ソ シ シ

ド ミ ミ｜ファ ラ ｜ド ソ ソ ソ｜ミ ド

ファ ド ファ ラ ラ｜ド ソ ソ｜ソ ソ ド ド｜シ シ

ド ミ ミ｜ファ ラ ｜ド ソ ソ ソ｜ミ ド

考え方　STEP 1，STEP 2と同様に見直したあと，次の点を見直そう。

□１小節の中に入っている拍数は，４分音符４拍分になっているかな？

ココがポイント！

曲づくりのルールは，バッハやベートーヴェンの時代から続く音楽づくりの知恵。これを守って旋律をつくると，まとまりのあるものになる。まずはルールの中でつくってみて，そこから自由に自分のアレンジや発想を加えていこう。

今回のコード進行は，「主人は冷たい土の中に」と同じなのよ。いっしょに演奏してみたら，和音は響き合うかな？

夢の世界を

p.60 ぴたトレ２

①ハ長調　②８分の６拍子(６/８)　③二部形式

④斉唱，混声三部合唱

p.61 ぴたトレ３

❶ (1)①イ　②ア　③イ　④ア　⑤ア　⑥イ

⑦イ

(2)ア

❷ ①だんだん遅く　②ア テンポ

③もとの速さで　④テヌート　⑤長さ

❸ ８小節

考え方

❶(1)①②８分の６拍子は，８分音符を１拍として，１小節に６拍ある拍子。「夢の世界を」では，８分音符３つを１拍として考え，１小節を大きな２拍子として感じるとよい。

⑤全員で同じ旋律を歌うことを斉唱という。

⑦後半の混声三部合唱は，ソプラノ，アルト，男声の３つのパートからなるため，前半の斉唱に比べてハーモニーに厚みが出る。

(2)この曲は，比較的速い♩.＝84～92なので，♩.(付点４分音符)を１拍ととらえ，大きく２拍子で感じて歌うとよい。

⚠ミスに注意

ウでも８分の６拍子の指揮としては正解だが，これは比較的ゆっくりした曲のときの指揮。速い曲では，細かく６つに振ると忙しくて速さがわかりにくいため，大きく２つに振ることが多い。

❷ ①②rit.(リタルダンド)とa tempo(ア テンポ)は，速度の変化を表すときにセットで使われることが多い。一緒に覚えておこう。

❸ 以下の順序で演奏する。:‖はリピート記号。ここではいちばん始めに戻る。

翼をください

p.62 **ぴたトレ 2**

①**Moderato** ②モデラート
③中ぐらいの速さで ④混声三部合唱

p.63 **ぴたトレ 3**

❶ ①中ぐらいの速さで ②少し強く
③フォルテ ④強く ⑤だんだん強く
⑥タイ

❷ (1)①②③④①②⑤⑥ (2)①②③④①②⑤⑥

❸ ①B ②A ③B ④A ⑤C ⑥A ⑦B
⑧C

考え方 ❶⑤ <mark>＜</mark> は，*cresc.* や *crescendo* と表記され
ることもある。すべて読み方は「クレシェ
ンド」である。
⑥同じ高さの音に用いられるのはタイである。

⚠ **ミスに注意**

形が似ている記号に注意

タイ	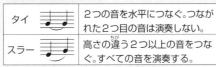	2つの音を水平につなぐ。つながれた2つ目の音を演奏しない。
スラー		高さの違う2つ以上の音をつなぐ。すべての音を演奏する。

❷(1)以下の順序で演奏する。 🎵 はリピート記
号。 🎵 がある場合はそこに戻るが，何も
ないときはいちばん始めに戻る。

(2)*D.C.*（ダカーポ）は曲の始めに戻るとい
う意味。演奏順は以下の通りである。

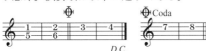

❸

ココがポイント！

Ａは全パートが同じ旋律を歌う斉唱である。
Ｂは混声二部合唱である。主旋律を男声が歌い，女声
は主旋律を飾る旋律（オブリガート）を歌う。
Ｃは女性がソプラノとアルトの2声に分かれて歌う混
声三部合唱である。

夏の思い出

p.65 **ぴたトレ 2**

①江間章子 ②中田喜直 ③二長調
④4分の4拍子(𝄴) ⑤二部形式
⑥みずばしょう ⑦しゃくなげ
⑧メッゾ ピアノ：少し弱く
⑨ディミヌエンド：だんだん弱く
⑩テヌート：その音の長さをじゅうぶんに保って
⑪デクレシェンド：だんだん弱く ⑫3連符

p.66 **ぴたトレ 3**

❶ (1)①イ ②ア ③イ ④ア ⑤イ ⑥ア
⑦ア ⑧ア ⑨イ

❷ (1)ディミヌエンド：だんだん弱く (2)イ

❸ (1)ア (2)ア (3)イ (4)ア

❹ (1)イ (2)ア
(3)なつがくれば おもいだす
やさしいかげ ののこみち
みずばしょうのはなが さいている

❺ (1)ア，みずばしょう (2)イ，しゃくなげ

❻ (1)イ
(2)A テヌート，その音の長さをじゅうぶんに
保って
B フェルマータ，その音符をほどよく延ば
して
(3)(例)アの強弱記号は*mp*のみだが，イは*p*
から*mf*まで強弱の幅が大きく，ほかにもい
ろいろな記号が用いられている。アは旋律が
隣の音に移っているのに対し，イは音の上下
が大きい。
(4)(例)アは*mp*でおだやかに次のフレーズに
続くように歌いたい。イは歌詞の「おぜ」に向
け気持ちを高めながら声量も上げ，言葉を大
切にていねいに歌いたい。フェルマータのと
ころでほどよくのばし，気持ちを入れかえて
最後は*p*で静かに曲を終わりたい。

❼ (1)× (2)○ (3)○ (4)× (5)○

考え方 ❶③④調を判断するには，曲の最後の音を見る。
最後の音がその曲の主音であることが多い
ためである。この曲はニ音が最後の音に
なっており，二長調となる。

⑥ ♩=63 は１分間に４分音符を63打つ速さ。
　１分間は60秒なので，時計の秒針が進む
　速さとほぼ同じになる。
⑦⑧歌われる場所は歌詞にも登場する「尾瀬」。
　群馬・福島・新潟にまたがる湿原地帯。
⑨ a‐a と b‐a' による二部形式である。
❷(1)diminuendo（ディミヌエンド）の略。
　(2) ＞ （デクレシェンド）と同じで，「だんだ
　ん弱く」という意味。
❸(1)(2)歌詞に合うリズムで旋律がつくられてい
　る。歌を思い浮かべながら考えてみよう。
　(3)は１番，(4)は２番の同じ箇所である。

ココがポイント！

言葉に合うように音符が工夫されている

１番　　　　　　　　　２番

　さ　い　て　　　　　　に　おっ　て

❹(2)鼻濁音を使うと音の響きが柔らかくなり美
　しく聴こえる。子音を鼻に響かせるように
　発音する。
　(3)語頭以外の「が行」は，手前に小さな「ん」を
　つけ，「んが」のように鼻濁音で発音すると，
　日本語として美しい響きになる。
❺ ウはユリである。
❻(2)A はテヌート。その音符の拍数の中で十分
　に音を保つ。B はフェルマータ。その音符
　（休符）の拍数を超えて音（休符）を延ばす。

書きトレ！ (3)いろいろな記号に注目しよう。イは，旋
　律の音が上がるにつれて，曲が盛り上がっ
　ていることに気づけると良い。
　(4)記号を参考にしながら，どのように表現
　したらよいか考えてみよう。
❼(3)(4)楽譜を見て，音がすぐ隣の音に進んでい
　ることを確認しよう。なめらかな音の動き
　によって，詩や旋律の流れを楽しめるとこ
　ろがこの曲の特徴である。
　(5)歌詞の言葉のリズムと抑揚に合う形の旋律
　になっている。

荒城の月

p.68　　　　　ぴたトレ2

①作詞：土井晩翠　作曲：滝 廉太郎
②二部形式　③花見の宴会　④少し強く
⑤ゆっくり歩くような速さ

p.69　　　　　ぴたトレ3

❶ イ
❷ ①ウ　②ア　③オ　④カ　⑤イ　⑥エ
❸ ①続く感じ　②b　③終わる感じ　④a'

ココがポイント！

「続く感じ→終わる感じ」が２回繰り返される⇒二部形式
１～２小節目の終わり　…続く感じ　a
３～４小節目の終わり　…終わる感じ　a'
５～６小節目の終わり　…続く感じ　b
７～８小節目の終わり　…終わる感じ　a'

❹ (1)A (2)山田耕筰
　(3)

考え方
❶ 鶴ヶ城は福島県会津若松市，青葉城は宮城
　県仙台市にある。どちらも作詞者土井晩翠
　の思い出の城である。
❸ この曲の調はロ短調で，ロ短調の主音はロ
　音である。旋律の最後の音が主音（この曲
　ではロ音）のときは，「終わる感じ」になる。
❹ 滝 廉太郎のつくった曲を，のちに山田耕筰
　が補作編曲をした。音符の種類が変わった
　り，強弱記号が変わったりしている。楽譜
　を見比べてみよう。

フーガ ト短調

p.71　　　　　ぴたトレ2

①バッハ　②ドイツ　③フーガ　④主題
⑤４声部　⑥パイプオルガン　⑦空気
⑧ストップ　⑨足鍵盤

p.72　　　　　ぴたトレ3

❶ ①バッハ　②ドイツ　③教会　④1000
　⑤パイプオルガン　⑥フーガ　⑦増えて
　⑧４つ
❷ (1)A ストップ　B 手鍵盤　C 足鍵盤
　(2)①空気　②１つ　③多く　④足鍵盤
　　⑤ストップ　⑥礼拝　⑦教会
　(3)(例)手鍵盤，足鍵盤があり，１人で４つの
　声部を演奏できる。またストップを操作する
　ことによりさまざまな音色を出すことができ
　る。

(4)(例)パイプに空気を送り込むことで音が出る。

❸ (1)①主題　②応答　③C　④D　⑤低くなる
　　(2)ア，エ

考え方

❷(1)パイプオルガンは，Bの手鍵盤やCの足鍵盤を押すと，パイプに空気が送り込まれて音が出る楽器である。Aのストップは，鳴らすパイプを選び，音色を変化させるために使われる。

(2)②パイプオルガンは，笛などと同じで1つのパイプから1つの音が出せる。

③初期の楽器はパイプの本数も少なく足鍵盤も付いていなかったが，より多くの音を出すためにパイプの本数が増えた。

④パイプの本数増加に伴い，鍵盤の段数が増え，足鍵盤が付けられた。

書きトレ! (3)鍵盤は手以外に足も使って弾くということ，さらにストップを操作して鳴らすパイプを選び，多彩な音色を得ることができるという点に注目して書くのがポイント。

(4)写真の楽器はリコーダーである。パイプオルガンのパイプも縦に並んだ笛のようなもので，空気を送り込んで音を出す仕組みである。

❸(1)「フーガト短調」は，主題と応答が交互に演奏される。
①曲の冒頭に現れる旋律のことを主題という。

②主題に応える形で現れる旋律のことを応答という。

③④主題は第1声部と第3声部，応答は第2声部と第4声部であり，それぞれ1オクターヴ違いで同じ旋律(音)となっている。

⑤第1声部→第2声部→第3声部→第4声部と進むにつれ，ソプラノ→アルト→テノール→バスのように音が低くなっていく。

(2)この曲の形式であるフーガは，始めに示された主題が，次々と加わるほかの声部によって繰り返されながら発展していく形式。また，主題(ト短調)・応答(ニ短調)・主題(ト短調)・応答(ニ短調)というように，主題は音の高さや調を変えながら繰り返されるので，アとエが正解。

ココがポイント!

フーガはイタリア語で「逃げる」という意味。最初の旋律が何度も登場する様子が，追いかけられ，逃げているように聴こえることから名付けられた。

交響曲第5番 ハ短調

p.75　ぴたトレ2

①ベートーヴェン　②ドイツ　③運命　④交響
⑤オーケストラ　⑥4つ　⑦ソナタ形式　⑧動機

p.76　ぴたトレ3

❶ ①ベートーヴェン　②ドイツ　③ウィーン
　④交響曲　⑤運命　⑥聴力

❷ (1)ア　(2)オーケストラ

❸ (1)動機　(2)ウ，カ

❹ (1)C → D → A → B
　(2)第1楽章，第4楽章

❺ (1)木管楽器：イ，ウ，オ，ケ
　　金管楽器：カ，キ，ク
　　打楽器：エ
　　弦楽器：ア，コ

　(2)イ：フルート　ウ：オーボエ
　　エ：ティンパニ　オ：クラリネット
　　カ：トロンボーン　キ：ホルン
　　ク：トランペット　ケ：ファゴット

❻ (例)この曲は，オーケストラによって演奏される交響曲です。作曲者であるベートーヴェンは交響曲を9曲残しました。この曲は，そのうちの第5番です。曲中，何度も出てくる1つの動機が，力強かったり，不安げになったりと強弱や音色を変えていく様子が，人間の心の移り変わりのように感じました。ぜひきいてみてください。

考え方

❷ イは吹奏楽，ウは弦楽合奏である。

ココがポイント!

オーケストラは，日本語では「管弦楽」と呼ばれる。文字通り，管楽器(木管楽器と金管楽器)，弦楽器，そして打楽器で構成される大規模な合奏形態である。

❸(1)「動機」とは曲の最小単位の音のまとまりのことをいう。

(2)冒頭の　という動機が，全曲の中でさまざまに形を変えて現れることで，この曲全体に統一感がもたらされる。この動機についてベートーヴェン自身が「運命はこのように扉をたたく」と語ったとされることから，この曲は日本で「運命」と呼ばれるようになった。

音楽　13

④(1)ソナタ形式は提示部―展開部―再現部ででき
ている。提示部の前に序奏がついたり，
この曲のようにコーダがついたりする場合
もある。

(2)交響曲などの第１楽章の多くはソナタ形式
で書かれている。

⑤(2)クラリネットとオーボエは似ているが，吹
き口が大きく違う。クラリネットはマウス
ピースに１枚のリードをはさむが，オーボ
エにマウスピースはなく，代わりにリード
が２枚ついている。写真の吹き口に注目
してみよう。

書きトレ！⑥相手がこの曲を聴きたくなるように，紹介
する文章を書こう。自分が聴いて「何をどう
感じたのか」を，より具体的に書いてい
くのがポイント。

「アイーダ」から

p.79　　　　　　ぴたトレ2

①ヴェルディ　②イタリア　③オペラ　④アリア
⑤４幕　⑥凱旋行進曲　⑦エジプト　⑧アイーダ
⑨ソプラノ　⑩ラダメス　⑪テノール

p.80　　　　　　ぴたトレ3

❶ ①ヴェルディ　②イタリア　③オペラ
④椿姫　⑤エジプト　⑥悲劇
⑦４　⑧総合芸術　⑨アリア

❷ (1)文学　(2)舞踊　(3)美術　(4)演劇

❸ ①アモナズロ　②アイーダ　③ラダメス
④アムネリス

❹ (1)男声：テノール，バリトン，バス
　女声：ソプラノ，メッゾ ソプラノ，アルト
(2)アイーダ：ソプラノ
　ラダメス：テノール

❺ (1)B　(2)C　(3)A

❻ (1)凱旋行進曲　(2)トランペット　(3)ア
(4)合唱　(5)バレエ

❼(例)オペラは音楽以外に踊りや物語などの要素が
含まれた総合芸術である。オーケストラの伴奏
に合わせて歌が歌われ，物語が進行する。主役
の独唱で歌われるアリアがいちばんのききど
ころであるが，ほかにも重唱や合唱など，さ
まざまな音楽を楽しむことができる。歌以外にも，
華やかな衣装や舞台装飾なども見どころである。

考え方❷オペラは歌を中心に物語が進行するが，音
楽以外の舞踊，文学，演劇，美術などさま
ざまな要素とも融合しているため「総合芸
術」とよばれる。

❸①③エチオピアとエジプトは敵国同士であり
ながら，エチオピア王女のアイーダとエジ
プト将軍のラダメスが恋人の関係になって
いることに注目しよう。

❹(1)声の種類が高い順に並べると，女声はソプ
ラノ＞メッゾ ソプラノ＞アルト，男声は
テノール＞バリトン＞バスとなる。

ココがポイント！

声の種類の違いにも耳を傾けてみよう。

登場人物	声の種類
アイーダ(エチオピアの王女)	ソプラノ
アムネリス(エジプトの王女)	メッゾ ソプラノ
ラダメス(エジプトの将軍)	テノール
アモナズロ(アイーダの父で，エチオピア王)	バリトン
エジプト王(アムネリスの父)	バス

❺(1)オーケストラはBのオーケストラピット
で演奏する。客席から見えないように低い
位置に設置されている。

(2)指揮者は舞台に向かって立ち，オーケスト
ラや舞台上の歌手に合図を送る役割をする。

❻(2)「凱旋行進曲」の主旋律はアイーダトラン
ペットという，一般のものと比べて管の長
いトランペットで演奏される。

(4)「凱旋行進曲」は，多くの歌手が登場し大合
唱で場面を盛り上げる，壮大なスケールの
曲である。

(5)大合唱ののちにバレエ団が登場し，歌以外
の要素とも融合する。これは総合芸術であ
るオペラならではの特徴だということをお
さえておこう。

書きトレ！❼学習したことをもとに，自分が感動した
ことや紹介したいことを，与えられた言葉
を使って具体的に書こう。

歌舞伎「勧進帳」

p.83　　　　　　ぴたトレ2

①音楽・舞踊・演技　②江戸時代　③隈取
④六方　⑤見得　⑥四世 杵屋六三郎　⑦長唄
⑧囃子(はやし)　⑨義経　⑩富樫
⑪弁慶　⑫延年の舞

❶ ①江戸　②舞踊や演技　③かぶき踊

　④杵屋六三郎　⑤寺　⑥寄付金

❷ (1)隈取　ウ　(2)六方　イ　(3)見得　ア

❸ (1)A 花道　(2)B 黒御簾　(3)D 廻り舞台

　(4)C せり・すっぽん

❹ (1)三味線，唄　(2)A 唄　B 三味線　C 囃子

　(3)オーケストラ

ココがポイント！

歌舞伎「勧進帳」の音楽には「長唄」が用いられる。唄を担当する「唄方」，三味線を担当する「三味線方」，笛や打楽器で構成される「囃子方」によって演奏される。

❺ ①義経　②平泉　③安宅　④富樫　⑤弁慶

　⑥延年の舞　⑦花道

考え方

❶⑤⑥勧進帳とは，寺などへの寄付金を集める趣旨を書いた巻物のこと。義経一行は平泉に逃れるため，東大寺の大仏再建のための寄付を募る旅をしているふりをする。

❷(1)隈取の色にはそれぞれ意味がある。例えば赤は勇気や正義，善を表し，青は悪や冷酷さを表している。

　(3)見得は，役者の感情が頂点に達したときに動きを止め，ポーズを決める歌舞伎の見せ場の一つ。

❹(3)長唄には指揮者は存在しない。上段中央に隣り合って座っている唄方の「立唄」と三味線方の「立三味線」が互いに呼吸を合わせて演奏をリードしている。

❺⑥「延年の舞」は飛び六方と並ぶ弁慶の見せ場である。関所を無事に通り過ぎた後，一行をねぎらうために富樫が追いかけてくる。富樫に酒をふるまわれて酔った弁慶が披露するのが「延年の舞」。

文楽（人形浄瑠璃）

①江戸時代　②大阪府　③人形　④3人　⑤太夫
⑥床本　⑦三味線　⑧太棹　⑨義太夫節
⑩竹本義太夫

ココがポイント！

義太夫節…太棹三味線を用いる。
　　　　　低音の響きと余韻が特徴。

長唄…細棹三味線を用いる。
　　　音色が鋭く歯切れのよいことが特徴。

❶ ①人形浄瑠璃　②浄瑠璃　③江戸　④大阪

　⑤太夫　⑥三味線　⑦義太夫　⑧竹本義太夫

　⑨床本　⑩太棹三味線

❷ (1)3人　(2)かしら，右手　(3)左手，足

　(4)主遣い

❸ (1)太夫　(2)三味線　(3)義太夫節

　(4)浄瑠璃（じょうるり）

❹ (1)✕　(2)✕　(3)〇　(4)✕　(5)〇

❺ (1)①B　手摺　②C　船底　(2)足

❻ （例）・歌舞伎は人間が演じるが，文楽は人形芝居である。

　・歌舞伎の音楽は唄，三味線，囃子によって演奏されるが，文楽では三味線のみを使う。

　・歌舞伎の音楽「長唄」で使われる三味線は細棹だが，文楽では太棹が使われる。

　・歌舞伎は複数の役者がそれぞれの役を演じるが，文楽ではさまざまな役を太夫が一人で語り分ける。

　・文楽には聴き手に物語を伝える役割である太夫が存在する。

　・文楽の舞台は，人形の動きを効果的に見せる工夫のある構造になっている。

考え方

❶⑩太棹三味線は棹が太く胴が大きい三味線。音が低く，豊かな響きと余韻が特徴である。

❷(3)左遣いと呼ばれる人が人形の左手と小道具を，足遣いと呼ばれる人が人形の足を担当する。

❸(3)義太夫節は「語り物」という音楽の一つで，物語を語って聞かせることを主体としている。

❹(4)セリフを語るのは太夫である。登場人物のセリフや心情，物語の説明などを抑揚をきかせて語ったり謡ったりする。

❺(2)船底が低い位置に設置されており，さらに手摺があることで，人形遣いの下半身がほぼかくれ，客席からは人形が地面に足をつけているように見える。

書きトレ！ ❻文楽と歌舞伎，それぞれの特徴を整理してみよう。文楽は人形，歌舞伎は人間が演じることにより，音楽や舞台などさまざまな違いがある。また，機会があれば，違いだけでなく共通する部分も考えてみよう。歌舞伎の演目は，文楽からとられたものも多い。

合唱のたのしみ

p.91 **ぴたトレ2**

①下半身　②上半身　③ゆっくりと
④おなか　⑤頭の上　⑥ソプラノ　⑦アルト
⑧テノール　⑨バス　⑩ソプラノ・アルト・男声
⑪○　⑫×　⑬×

p.92 **ぴたトレ3**

❶ ①下　②足　③上　④肩　⑤むらなく
　　⑥おなか　⑦頭　⑧低く　⑨変声期
　　⑩歌いやすい

❷ (1)女声三部合唱
　　(2)混声三部合唱
　　(3)混声四部合唱

⚠ ミスに注意	
○	女声・男声
×	女性・男性

❸ (1)○　(2)×　(3)○　(4)×　(5)×

❹ (1)①ウ　②イ　③エ　④ア
　　(2)ウ
　　(3)(例)・音程やリズムに気を付けて歌う。
　　　　・歌詞の内容を理解して，未来への希望に満ちた雰囲気をつくりたい。
　　　　・*mf* から *f* に向かってしっかりクレシェンドしたい。
　　　　・各声部の音量のバランスを考えて歌いたい。
　　　　・ブレスの位置でたっぷり息を吸って，最後から3小節前の全音符をしっかり歌い切りたい。
　　　　・聴いている人に言葉がはっきり伝わるように歌いたい。

考え方 ❶⑧⑨変声期は男女ともにあるが，特に男子の変化が大きく，変声後は声域が1オクターヴほど低くなり，声質も変わる。
　　⑩変声期には，無理な発声をして喉を痛めないこと，自分の歌いやすい音域を探して歌うこと，声を出しづらいときは無理して出さず，音楽を楽しむことなどを心がける。
　　❸(1)いきなり全員で合わせるのではなく，はじめに自分のパートをしっかり確認して，歌えるようにしておくことが大切である。

書きトレ! ❹(3)まずは今までの合唱の授業の中で先生に言われてきたことを書き出してみよう。楽譜を丁寧に見て，強弱記号，音符や休符の長さ，ブレスなど，守らなければ

ばいけないことをおさえよう。男子と女子の声量のバランスや，声の出し方など，いつも歌っていて気になっていることを書いてみてもよい。

音符のトレーニング②

p.94

❶ (1)付点2分音符　(2)4分音符
　　(3)付点4分音符　(4)8分音符
　　(5)付点8分音符　(6)16分音符
　　(7)付点16分音符

❷ (1)♩　(2)♪　(3)𝅘𝅥𝅯

❸ (1)♩　(2)○　(3)♩　(4)♪

❹ (1)♩.　(2)♩.　(3)♪.

❺ (1)♪　(2)♩　(3)𝅘𝅥𝅯

考え方 ❶(1)2分音符(♩)に付点がつくと，付点2分音符，4分音符(♩)に付点がつくと，付点4分音符，…となる。
　　❷(1)♩は2分音符。2分音符は4分音符2つ分の長さなので，半分の長さは4分音符(♩)。
　　(2)♩は4分音符。4分音符は8分音符2つ分の長さなので，半分の長さは8分音符(♪)。
　　(3)♪は8分音符。8分音符は16分音符2つ分の長さなので，半分の長さは16分音符(𝅘𝅥𝅯)。
　　❸(1)♩は4分音符。4分音符2つ分の長さは2分音符(♩)。
　　(2)♩は2分音符。2分音符2つ分の長さは全音符(○)。
　　(3)♪は8分音符。8分音符2つ分の長さは4分音符(♩)。
　　(4)𝅘𝅥𝅯は16分音符。16分音符2つ分の長さは8分音符(♪)。
　　❹(1)♪は♩の半分の長さ。元の音符の半分の長さを付点で表して♩.となる。
　　(2)♩は♩の半分の長さ。元の音符の半分の長さを付点で表して♩.となる。
　　(3)♪は♪の半分の長さ。元の音符の半分の長さを付点で表して♪.となる。

ココがポイント!

付点がつくと，元の音符の長さの1.5倍になる。

♩. →　この点は元の音符の半分の長さを表す。

⑤ すべて, =（イコール）のあとにあるのは付点がついた音符（元の音符の長さの半分が付け足された音符）であることに注目。

(1) ♩の半分の長さの♪を足すと, ♩.になる。

(2) ♩に, その半分の長さの♪を足すと, ♩.になる。

(3) ♪に, その半分の長さの♪を足すと, ♪.になる。

引き算で考えてみるのも一つの方法よ。

速さのトレーニング

p.97

❶ ア ♩=100　イ ♩=60　ウ ♩=63～84　エ ♩=112

遅い（ イ → ウ → ア → エ ）速い

❷

Allegro — アレグロ — 速く
Andante — アンダンテ — 中ぐらいの速さで
Moderato — モデラート — 緩やかに
Adagio — アダージョ — ゆっくり歩くような速さで

考え方
❶ ♩＝（数字）という表示は,「1分間に♩を（数字）分打つ速さで」という意味。数が多いほど速度は速くなる。
❷ すべてイタリア語による速度用語。

用語は読み方と合わせて1つ1つ覚えよう。

2年　総合問題

p.98

❶ (1)①交響曲第5番ハ短調　②アイーダ
　　③フーガト短調
　(2)①ベートーヴェン, ドイツ
　　②ヴェルディ, イタリア
　　③バッハ, ドイツ
　(3)オペラ　(4)パイプオルガン, ア

❷ (1)Ⓐ斉唱　Ⓑ混声三部合唱　(2)Ⓑ
　(3)① 8　② 6　③ 1　④ 6　⑤ 2

❸ ①だんだん弱く　②アンダンテ　③ゆっくり
　④もとの速さで

❹ (1)①江戸　②長唄　③舞踊
　(2)①人形浄瑠璃　②太夫　③三味線
　　④義太夫
　(3)ア A　イ B　ウ A　エ B

考え方
❶(1)(2)①「運命」の名前でも知られている「交響曲第5番」は, ドイツの作曲家ベートーヴェンの作品である。
　　②「アイーダ」は, 戦乱に巻き込まれた恋人同士の悲劇を描いたオペラ（歌劇）。イタリア出身のヴェルディの作品である。
　　③「フーガト短調」はパイプオルガンの独奏曲で, ドイツの作曲家バッハの作品である。1つの主題が4つの声部で複雑に重なり合っていく, フーガという形式でできている。
　(4)「フーガト短調」はパイプオルガンの独奏曲なのでアが正解。イはトランペットである。ウはピアノ（グランドピアノ）。
❷(1)Ⓐは, 全パートが同じ旋律を歌う斉唱である。Ⓑは女声がソプラノとアルトの2声に分かれて歌う混声三部合唱である。
　(2) *mf*（メッゾフォルテ）のメッゾは「少し～」という意味なので *f*（フォルテ）より弱い。そのためⒷの方を強く歌う。

ココがポイント!

Ⓑの混声三部合唱は, ソプラノ, アルト, 男声の3つのパートからなるため, Ⓐの斉唱に比べてハーモニーに厚みが出る。自然とⒷの方がより強く歌いたくなるような音楽になっている。

　(3) $\frac{6}{8}$（8分の6拍子）は8分音符3つを1拍とした大きな2拍子で歌うとよい。

❸①dim.（ディミヌエンド）は decresc. / ⟍
（デクレシェンド）とほぼ同じ意味で使われ
る。
❹(2)文楽で用いられる音楽を義太夫節という。
　(3)ウ　「隈取」とは，歌舞伎を象徴するともい
　　　われる化粧。顔の筋肉や血管を強調し，人
　　　物の役割や感情を表現している。
　　エ　「船底」は文楽の舞台上の一段低くなっ
　　　ている場所のこと。ここで人形の操作を行
　　　うことで人形が舞台上で演じているように
　　　見せることができる。

花

p.101 　　　　　　　　　　ぴたトレ2
①武島羽衣　②滝 廉太郎　③隅田川
④ト長調　⑤4分の2拍子（$\frac{2}{4}$）　⑥二部形式
⑦見てごらん　⑧夜明け　⑨ほんとうに
⑩16分休符　⑪ウ　⑫メッゾフォルテ：少し強く

p.102 　　　　　　　　　　ぴたトレ3
❶　①武島羽衣　②滝 廉太郎　③明治
　　④荒城の月　⑤4分の2　⑥60〜66
　　⑦二部形式
❷　(1)①隅田川(すみだがわ)
　　　②舟人が(ふなびとが)
　　　③花と散る(はなとちる)
　　(2)①ウ　②オ　③ク　④ケ　⑤イ　⑥ア
❸　(1)ア　(2)イ　(3)ア
❹　(1)a 4分休符
　　　b 8分休符
　　　c 16分休符
　　(2)いちばん長い…a
　　　いちばん短い…c
　　(3)ウ
❺　(例)作曲者は，歌詞の言葉に合うリズムで作
　　曲したのだと思う。Aは，「のぼり」という言葉
　　の切れ目に16分休符を入れることで，歌詞
　　の区切りがはっきり伝わるよう工夫したので
　　はないか。Bは「くるれば」までが言葉のまと
　　まりなので，休符を入れなかったのだと思う。

考え方 ❶⑤4分音符を1拍と数えて，1小節に2拍
　　　あるので$\frac{2}{4}$(4分の2拍子)。
　　⑥♩=60~66は1分間に4分音符を60〜66
　　　打つ速さ。1分間は60秒なので，時計の
　　　秒針が進む速さとほぼ同じになる。
　　⑦形式はa−a'とb−a"という大きな2つの
　　　まとまりで構成される二部形式である。

ココがポイント!

この曲を4小節ずつABCDに分けると次のようになり，
記号で表すとa−a'　b−a"の二部形式になっている。
A　もとの旋律 (a)
B　Aと似た旋律 (a')
C　Aと異なる旋律 (b)
D　Aと似た旋律 (a")

②(2)

⚠ミスに注意

歌詞は,現代語にない言葉があるため注意しよう。

たとうべき	○ たとえたらよいのだろうか × たとえるべき
見ずや	○ 見てごらん × 見ない
くるれば	○ 日が暮れると × 来れば

❸(1)(2)歌詞の言葉に合うリズムで旋律がつくられているため,言葉の切れ目には16分休符が配置されている。

(3)付点のリズムを用いることで,より音楽に抑揚（よくよう）が生まれる。

❹(2)a は4分休符。この半分の長さが b の8分休符。そして b の8分休符の半分の長さが c の16分休符である。よって長いものから順に並べると a>b>c。

(3)2小節目にある⌢（フェルマータ）や3小節目にある *rit.*（リタルダンド）,4小節目の *a tempo*（ア テンポ）に注目しよう。

書きトレ! ❺自分が作曲者だとしたらどんな意図で休符を入れたり入れなかったりするだろうか。作曲者である滝 廉太郎は,言葉を大切に作曲したことを参考に考えてみよう。

花の街

p.104 **ぴたトレ2**

①作詞：江間章子（えましょうこ）　作曲：團 伊玖磨（だん いくま）
②ヘ長調　③4分の2拍子（びょうし）（2/4）　④あと
⑤読み方：クレシェンド　意味：だんだん強く

p.105 **ぴたトレ3**

❶ ①イ　②イ　③ア　④ア　⑤ア　⑥ア　⑦イ
　⑧ア　⑨イ　⑩イ

ココが ポイント!

調号が♭1つの長調はヘ長調である。調の名前は主音の音名を使う。

❷ (1)クレシェンド　(2)ア　(3)ア
　(4)だんだん強く歌う　(5)6〜7
　(6)休符：𝄾　名前：8分休符　(7)エ

❸ イ

考え方 ❶①作詞者の江間章子は新潟県（にいがた）に生まれ,岩手県で育った。「夏の思い出」が有名である。

②作曲者の團 伊玖磨は東京都生まれで,主な作品にはオペラ「夕鶴」（ゆうづる）,混声合唱組曲「筑後川」（ちくごがわ）などがある。

❷ (3)*dim.* は *diminuendo*（ディミヌエンド）の略で,意味は「だんだん弱く」。

　と同じ意味を表す。

(5)出だしの *mf* から始まってだんだん強くなり,最後の小節の *f* に向かって盛り上がる。音の高さにも注目。

❸ 1・2番では夢に描（えが）いた街を,3番では戦争による悲しみの中の人々の姿を描いている。

ココが ポイント!

作詞者の江間章子は,戦争が終わり荒れ果てた街を見ながら,美しい幻想の街を思い描き,平和への願いを込めて詩を書いた。

早春賦（そうしゅんふ）

p.106 **ぴたトレ2**

①作詞：吉丸一昌（よしまるかずまさ）　作曲：中田 章（なか だ あきら）
②8分の6拍子（びょうし）（6/8）　③二部形式
④芽が出始める
⑤読み方：クレシェンド
　意味：だんだん強く

p.107 **ぴたトレ3**

❶ ①ア　②イ　③イ　④イ　⑤ア　⑥イ　⑦イ
❷ ①エ　②ア　③オ　④ウ　⑤イ
❸ イ
❹ (1)ウ　(2)イ

ココが ポイント!

♪♪♪ ♪♪♪
1　　2

3つのまとまりを大きく1つととらえて2拍子に感じる。

考え方 ❶①作詞者である吉丸一昌は大分県生まれ。1912年から1914年までの間に全十集75曲の「新作唱歌」を発表。この中に「早春賦」「故郷を離るる歌」などが含まれている。

②作曲者の中田 章は東京生まれ。「夏の思い出」の作曲者,中田喜直（なか だ よしなお）の父である。オルガン奏者としても活躍（かつやく）した。

③ **mf**(少し強く)で歌い始め，旋律の上行でクレシェンド，下行でデクレシェンドとなる。

④(1) 8分音符を1拍と数えて1小節に6拍あるのが8分の6拍子である。

　(2) 8分の6拍子は，8分音符3つ分を1つのまとまりでとらえて，大きく2拍子に感じて歌うことが多い。

帰れソレントへ

p.108 **ぴたトレ2**

①イタリア　②ハ短調・ハ長調
③同主調　④4分の3拍子($\frac{3}{4}$)　⑤だんだん遅く
⑥もとの速さで

ココが ポイント!

主音が同じ長調と短調の関係を同主調という。

ハ長調

ハ

ハ短調

主音が同じ

ハ

p.109 **ぴたトレ3**

❶　①イ　②ア　③ア　④イ　⑤イ　⑥イ　⑦ア
　　⑧ア　⑨ア　⑩ア　⑪イ　⑫イ　⑬ア

❷　①A　②B　③B　④A　⑤B　⑥B　⑦A
　　⑧B

❸　①短調　②長調

❹　拍子

❺　(例)・長調と短調の感じの違いが聴いている
　　　　　人に伝わるように歌いたい。
　　　・歌詞の内容が伝わるように，フェルマータのついた音などは思いきり声を出して情熱的に歌いたい。
　　　・イタリアのナポリ湾に面したソレントの町の風景を想像しながら，原語で朗々と歌ってみたい。

考え方　❶①②ソレントはイタリアの南部，ナポリ湾に面した美しい町である。
　　　　④ソレントを去ってしまった女性が故郷に戻ってくることを願っている。

③①は曲の冒頭。哀愁をおびた短調の旋律で曲が始まる。
　②は転調して明るい旋律に変わるところ。

④・調は，ハ短調とハ長調の間を行き来している。
　・強弱は，**p**から**f**までいろいろな強弱記号が使われている。
　・拍子は最初から最後まで4分の3拍子なのでこれが正解。
　・速さは，*rit.* や *a tempo*，⌢ など曲の中で何度も変化している。

書きトレ!! ⑤この曲の特徴である，長調と短調の間を行き来する旋律の感じの変化についてふれるとよい。また，聴く人に歌詞の表す内容が伝わるような表現の工夫について，自分なりの考えを書こう。曲中に出てくる速さの変化についての指示もヒントになる。

ブルタバ(モルダウ)

p.111 **ぴたトレ2**

①スメタナ　②チェコ(共和国)
③オーストリア　④プラハ　⑤祖国　⑥詩
⑦チェコ語　⑧源流　⑨標題

p.112 **ぴたトレ3**

❶　①チェコ　②スメタナ　③我が祖国　④2
　　⑤オーストリア　⑥ドイツ　⑦チェコ
　　⑧祖国(チェコ)　⑨シベリウス
　　⑩フィンランディア

❷　①エ　②ウ　③イ　④オ　⑤キ

❸　ア，ウ，オ

❹　(1)イ　(2)エ　(3)ア　(4)ウ

❺　(1)イ　(2)ア　(3)エ　(4)ウ

考え方　❶「ブルタバ(モルダウ)」は，作曲家スメタナの祖国チェコを流れるブルタバ川流域の情景を音楽で描いた交響詩。交響詩は，ほかにもフィンランドの作曲家シベリウスの「フィンランディア」などがある。ぜひ聴いてみよう。

ココが ポイント!

当時のヨーロッパでチェコが置かれた状況に思いをはせ，祖国を思う作曲者スメタナの気持ちを感じながら曲を聴いてみよう。

❷ 首都名から国名を考えよう。

①ベルリンが首都の国はドイツである。ドイ
ツは，バッハやベートーヴェンなどの有名
な作曲家を数多く輩出している。

②プラハが首都の国はチェコである。スメタ
ナの祖国であり，ブルタバ(モルダウ)川は
チェコ最長の川である。

③ウィーンが首都の国はオーストリアで，当
時チェコを支配していた。

④ワルシャワが首都の国はポーランドであ
る。ポーランドは，作曲家ショパンが誕生
した国として有名。

⑤ブカレストが首都の国はルーマニア。

❸ **⚠ミスに注意**

交響曲	オーケストラのための大規模な楽曲。4つの楽章からなるものが多く，最初と最後の楽章でよくソナタ形式が用いられる。
交響詩	物語や情景などをオーケストラによって表現する音楽で，比較的自由な形式である。

❹(1)ブルタバ川を表す旋律で，曲中を通して何
度も登場する主題である。上昇していく形
で，弦楽器が堂々と演奏するのが特徴。

(2)農民の結婚式の場面である。スタッカート
の軽やかなフレーズと16分音符の刻むよ
うな短いフレーズが交互に演奏されること
で，チェコの民族舞踊のポルカを踊ってい
る様子が想像できる。

(3)曲の冒頭。2つの木管楽器でブルタバ川の
2つの源流を表している。小さい音量から
始まり，16分音符の上下するフレーズで，
小さな水の流れを表している。

(4)は「月の光，水の精の踊り」の場面である。
静かにゆったりとした音の動きで演奏され
るのが特徴。

❺ それぞれの場面はどんな音色だったか，写
真の楽器の音も想像しながら考えよう。

(1)弦楽器で堂々と主題が演奏される。

(2)2つの源流を2つの木管楽器で表現してい
る。

(3)狩猟の様子を管楽器で勇ましく歯切れの良
い音色で表現している。

(4)急流の緊迫した様子をシンバルで表現して
いる。

ボレロ

p.115 ▶ ぴたトレ**2**

①ラヴェル　②フランス　③バレエ
④オーケストラ　⑤4分の3拍子　⑥スペイン
⑦2つ　⑧小太鼓　⑨強く(大きく)なっていく
⑩増えて(多くなって)いく

p.116 ▶ ぴたトレ**3**

❶ ①ラヴェル　②フランス　③魔術師
④スペイン　⑤舞曲　⑥バレエ
⑦オーケストラ

❷ (1)小太鼓　(2)イ　(3)イ，ウ，カ

❸ ア

❹ (1)ア：テナー サックス　イ：オーボエダモーレ
ウ：トランペット　エ：ヴァイオリン
オ：ピッコロ　カ：小太鼓　キ：チェレスタ
(2)ア，イ，オ

❺ (例)ラヴェル作曲「ボレロ」は，スペインの舞
曲をもとにつくられたバレエ音楽です。ス
ペインの舞曲であるボレロのリズムが曲全体で
刻まれる中で，2種類の旋律が交互に現れま
す。さまざまな楽器が数を増やしながら演奏
し，強弱は最後に向けて強くなっていきます。
最後の2小節で音量が最大になり，「ボレロ」
のリズムがくずれる様子が，まるで生命力の
爆発のように感じられるところがききどころ
です。

考え方

❶ ラヴェルは1875年にフランス南西部，ス
ペインにほど近いバスク地方シブールで生
まれた。音楽好きの父の影響でピアノを始
め，12歳で作曲の基礎を学んだ。オーケ
ストラを作曲する技術にたいへん優れてい
たことから，「管弦楽の魔術師」と言われて
いる。

❷

というスペインの民族舞踊ボレロの基本
リズムが，小太鼓によって最初から最後ま
で，曲中169回も繰り返される。このリ
ズムはさまざまな楽器によって演奏され
ていることにも注意して聴いてみよう。

③ 冒頭，旋律を演奏する楽器がフルート→クラリネット→ファゴット→小クラリネットと変化していくのを，曲から聴き取れるようにしよう。

⚠️ミスに注意

Ⓐ とⒷ の旋律が2回ずつ交互に現れるが，それぞれ1回目と2回目では演奏する楽器が変わる。

④ 「管弦楽の魔術師」と言われるラヴェルは，それまであまりオーケストラに用いられることのなかったサックスやチェレスタなどを取り入れることによって，多彩な音色を出すことに成功した。オーケストラでは珍しい楽器だが，写真を見てしっかり確認しておこう。

書きトレ ⑤ 設問文にある，言葉を使いながら，ききどころを具体的に書いていこう。

尺八楽「巣鶴鈴慕」

p.118 ぴたトレ2

①竹 ②江戸時代 ③メリ ④歌口 ⑤12段
⑥鶴の巣籠

p.119 ぴたトレ3

❶ ①竹 ②管 ③江戸 ④一尺八寸 ⑤歌口
⑥5つ ⑦6つ

❷ (1)①ア ②ア
(2)①イ ②イ

⚠️ミスに注意

| カリ | 音が上がる |
| メリ | 音が下がる |

❸ ウ，エ

考え方

❶④尺八の中で最もよく使われる楽器の長さは一尺八寸（約55 cm）である。
⑥指孔は前面に4つ，背面に1つで合わせて5つある。

❷尺八には，運指を変えずに音の高さを調整するメリ・カリという奏法がある。カリは顎を出して（上げて）歌口の隙間を広げ，音高を上げる。メリは顎を引いて歌口の隙間を狭くすることで音高が下がる。動画などで実際に見てみよう。

❸ア 江戸時代に，尺八は一部の宗派で僧の修行の一つであった。庶民が楽器を手にするようになったのは明治時代。
イ 尺八の基本となる音は6つだが，メリやカリなどで音高に変化をつけることができる。ほかにもムライキ，コロコロ，

ユリなどさまざまな奏法で豊かな表現ができる楽器である。
オ 人間ではなく，鶴の親子の情愛を描いた作品。
カ 「巣鶴鈴慕」は全部で12の段からなっている。

能

p.121 ぴたトレ2

①室町時代 ②足利義満 ③観阿弥・世阿弥
④シテ ⑤ワキ ⑥おもて ⑦主役 ⑧狂言
⑨庶民の生活 ⑩謡（うたい） ⑪地謡（じうたい）
⑫四拍子

p.122 ぴたトレ3

❶ ①室町 ②足利義満 ③観阿弥・世阿弥
④江戸 ⑤謡 ⑥地謡 ⑦室町 ⑧四拍子
⑨能 ⑩狂言 ⑪能楽 ⑫シテ ⑬ワキ
⑭アイ

❷ ウ，エ，オ，キ

❸ (1)おもて (2)主人公

ココがポイント！

シテ…主人公を謡や舞で表現する最も重要な演者。
ワキ…シテの相手役。面をかけずに演じる。現在も「わき役」として名が残る。

❹ (1)イ (2)ア (3)ウ

❺ 場所(1)A (2)E (3)D (4)C (5)B
名前(1)橋掛り (2)目付柱 (3)本舞台

考え方

❶⑦能の言葉（詞章という）は，室町時代当時の言葉が今でも使われている。
⑩狂言は能とセットで演じられるセリフ劇。庶民が主人公であることが多く，笑いを誘う内容は現代にも通じるものが多い。

❷能の囃子「四拍子」は笛（能管），小鼓，大鼓，太鼓の4種の楽器で演奏される。太鼓は神や鬼など，人間ではない役が活躍する場面で用いられる。

❸(2)主人公（シテ）は面をかけ，神や鬼，歴史的に有名な武将の亡霊などを演じる。

❹(3)役者が面をかけずに素顔のままでいること。

❺(2)目付柱は，シテ役の演者が面をかけることによって視界が狭くなるため，動作の目印になっている。

アジアや世界の諸民族の音楽・ポピュラー音楽

`p.124`

①オルティンドー　②カッワーリー　③ガムラン
④ウ

`p.125`

❶　(1)ジャズ　(2)ガムラン　(3)オルティンドー
　　(4)J-POP　(5)ロック　(6)カッワーリー

❷　(1)エ　(2)ア　(3)ウ　(4)イ

考え方　❶(1)ジャズは，西洋音楽のコード進行の上にア
　　フリカ系アメリカ人の独特のリズム感や彼
　　らのもつ民族的な音楽の要素が加わり，ア
　　メリカ大陸で新しく生まれた音楽。今も変
　　化を続けている。
　　(2)ガムランとは，楽器の名前や曲名ではなく，
　　合奏形態のこと。

ココがポイント!

世界には，それぞれの地域の文化や風土の中で育まれ
てきた多様な音楽がある。それぞれのよさや味わいを
感じ取ろう。

❷

ココがポイント!

日本音楽の楽器は，中国大陸や朝鮮半島などから伝わ
ったものが多く，その後日本で独自の楽器として根付
いた。それぞれの楽器のルーツを見ると，非常に似て
いることがわかる。

音符のトレーニング③

`p.127`

考え方

❶　♪♪は横棒でつなげて ♫ と表すことが
できる。
♪♪♪♪は横棒でつなげて ♬ と表すこ
とができる。
♪と♪♪は横棒でつなげて ♫ と表すこ
とができる。

❷　⁶⁄₈(8分の6拍子)は，1小節に8分音符が
6つ分入る拍子。8分音符3つ分を1つの
まとまりにして大きく2拍子にとらえる。
♪♪♪や♩ ♪が1つのまとまりになる。

⚠️ミスに注意

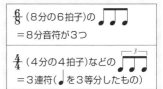

調のトレーニング

`p.129`

(1)(2)(3)

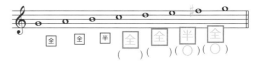

(4)(5)

(ト) 長調

考え方　(1)全音か半音かは，鍵盤を使って考えよう。
　　鍵盤の数が3つあるのが全音。2つが半音。

ココがポイント!

(3)ミとファの間が半音しかないので，ここを
全音にするために，ファに♯をつける。そ
うすると次のファ♯とソの間が半音とな
り，うまくいく。

(5)調の名前は，日本語の音
名でつける。音階の始ま
りの音(主音という)の音
名が調名となる。

⚠️ミスに注意

○	ト長調
×	ソ長調

p.130

❶ (1)①ウ　②ア　③イ
　(2)①尺八（しゃくはち）　②箏（こと）　③鞨鼓（かっこ）　(3)ウ　(4)イ

❷ ①C　②B　③A

❸ (1)$\frac{2}{4}$　(2)ウ
　(3)スラー，高さ（ちが）の違う2つ以上の音符（おんぷ）を滑（なめ）らかに
　(4)滝 廉太郎（たき れんたろう）

❹ (1)①ラヴェル，フランス　②スメタナ，チェコ
　(2)①イ　②ウ　③ア　(3)小太鼓　(4)イ

考え方

❶(1)①　尺八は江戸時代に，ある宗派で僧の修行（しゅぎょう）の一つとされていた楽器である。明治時代に一般（いっぱん）に演奏されるようになった。
　②　箏はもともと雅楽（ががく）の合奏の楽器として唐（現在の中国）から伝わり，江戸時代になると八橋検校（やつはしけんぎょう）により「六段の調（ろくだんのしらべ）」など多くの曲がつくられた。彼は目の不自由な人でつくられた組織で「検校」と呼ばれる最高位についた。
　③　鞨鼓は雅楽の演奏で，速度を決めたり，曲の終わりの合図を出すなど，指揮者のような役割をする。
　(4)「越天楽（えてんらく）」は唐から伝来した器楽合奏（管絃（かんげん））の音楽である。楽器は竜笛（りゅうてき），篳篥（ひちりき），笙（しょう），(楽)箏，(楽)琵琶（びわ），鞨鼓，鉦鼓（しょうこ），(楽)太鼓の8種類で合奏される。

❷①は「隈取（くまどり）」。歌舞伎（かぶき）を象徴する化粧法（けしょうほう）で顔の筋肉や血管を強調し，人物の役割や感情を表現している。
　②は文楽（人形浄瑠璃（じょうるり））で用いられる人形。
　③は能で演者が顔にかける「面（おもて）」。

❸(1)16分音符（おんぷ）や細かな音符が多いが，拍子（ひょうし）は4分音符を基準として1小節に4分音符が2つ入る$\frac{2}{4}$（4分の2拍子）である。
　(2)アの4分休符は4分音符と同じ長さ。イの8分休符は4分休符の半分の長さ。ウの16分休符は8分休符の半分の長さである。

コネがポイント!

♩	1
	半分
♪	$\frac{1}{2}$
	半分
	$\frac{1}{4}$

　(3)Bは高さの違う2音以上を滑らかに演奏するという意味の「スラー」。タイと形が似ているが奏法が異なるので注意しよう。
　(4)作曲者の滝 廉太郎は「荒城の月（こうじょうのつき）」の作曲者でもある。

❹(3)「ボレロ」では曲の冒頭（ぼうとう）の**pp**から始まって同じリズムが小太鼓によって繰り返される（く）。ただし，最後の2小節だけはこのリズムがくずされる。
　(4)「ブルタバ（モルダウ）」は，オーケストラで演奏される交響詩（こうきょうし）。アは合唱で，ウは男声独唱。

音楽を楽しむためのルール

p.132

①〇　②×　③〇　④×　⑤〇　⑥〇（×）
⑦〇　⑧×

考え方

①③個人が自分で楽しむだけなら，著作権の侵害にはなりません。
②録画したものを著作権者の許可を得ずにインターネット上に公開することは違法です。
④ホームページは一度インターネット上に公開されると，誰でもアクセスが可能です。この場合は著作権者の了解が必要です。
⑤他人の著作物をそのまま自分の作品とすることは絶対にしてはいけませんが，それを参考にして新たな自分のオリジナル作品をつくることは問題ありません。
⑥作曲家の作品には，著作権の保護期間があります。保護期間が過ぎた作品は，誰でも自由に使うことができます。ベートーヴェンは保護期間を過ぎていますので著作権的な問題はありませんが，この場合は自分のオリジナル作品をつくることが授業の目的です。
⑦学校の文化祭など，入場無料の行事であれば著作権者の許諾（きょだく）は不要です。
⑧入場無料の行事であっても，その様子を録画した映像をインターネット上に公開する場合は許諾が必要です。

ココがポイント!

作品を生み出すためにはエネルギーが必要。そのエネルギーに対する対価や，著作者に対する敬意を忘れないことが大切。